ポケットMBA

ビジネススクールで身につける仮説思考と分析力

生方正也

nbb
日経ビジネス人文庫

はじめに

最近、「先送り」という言葉が世間をにぎわせている。

この言葉は優柔不断なイメージがあり、ネガティブな印象を与える。しかし、意思決定を「先送り」することが、一概に悪いとは言えない。いま意思決定するよりも、将来決定を下すほうがよいとの考え方がファイナンスのオプション理論の根幹となっているように、戦略的な意思決定の先送りはよくあることである。小難しいファイナンスの例を持ち出さずとも、「先送り」の例はすぐに見つけられる。たとえば、不動産や自動車などを購入する際の仮申込は、正式に申し込むかどうかの意思決定を先送りしていることにほかならない。積極的な理由があるなら、先送りすること自体に問題はない。

ただこれが、意思決定の「引き延ばし」となると、話は別になる。何の展望もなく、ずるずると意思決定を引き延ばせば、事態は悪化の一途をたどる。時間が経つにつれて高まる周囲の期待に押されて、取ることのできる選択肢は狭くなり、にっちもさっちもいかなくなる。その結果、場当たり的な対応を連発し、さらに状況は悪くなって、次第に周囲の期待は不安・不信に変わっていくことになる。

では、戦略的な意思決定の「先送り」と、ずるずると意思決定を「引き延ばす」ことの最大の違いは何だろうか。それは「仮説」の有無にある。

戦略的に意思決定を先送りする場合には、必ず仮説がある。仮説をもとにいますぐにでも意思決定はできるが、あわてて不用意に動くよりも、状況が明らかになったり情報を入手できた段階で決定するほうが得策になるから、意思決定を「待つ」のだ。仮説は、こうした見極めを可能にする。

「引き延ばし」の場合はどうだろう? 意思決定できない理由は、「いま決められない」「いま決めたくない」という気分的なもので、仮説があるわけではない。仮説がないから、意思決定できずにいると、ある人から圧力をかけられればそちらになびく。また、別の人が文句を言えばなだめようとする。締め切りに追われて場当たり的に意思決定をしてしまうから、うまくいかなかった場合に修正ができない。しまいには、自分はどうしたかったのかすら分からなくなっていく。

はたから見れば同じように見える「いま意思決定をしないこと」も、仮説を持っているかどうか、仮説をもとに行動するかどうかで、これだけ大きな差となって現れるのである。

成長するために仮説を立てる

仮説が必要になるのは、何も難しい決断が迫られるシーンだけではない。ビジネスシーンはもちろん、趣味や日常生活などほとんどの場合に、私たちは仮説をもとに行動している。

筆者は数年前からランニングをしている。最初は健康のためのジョギング程度だったが、次第に走行距離も伸びたので、試みに半年前にハーフマラソンの大会に出場してみた。しかし、初めての大会だから、分からないことだらけ。何を持っていけばよいか、どれくらい前に会場に到着すればよいか、どんなペースだと走りきれるか、へばったらどうするか……。出ればよいと思うだけなら出たとこ勝負でもよいのだろうが、少しでもよい記録をと思うなら、それらの疑問に仮説を立てて臨まなければならない。もちろん、現実にはスタート時の混雑、スタート直後の渋滞、途中のアップダウンでの体力消耗など、思いもよらなかったことや想定通りにはいかないことが起こる。なんとか走り終えたあとは、当初立てた仮説と実際とを比べてまた新たな仮説をもって次の大会に臨むのである（次の大会では、会場に入る前に大行列ができていたり、スタートが一時間遅れるなど、また新たな想定外の事態に直面した）。まさに仮説を立て、それを検証する典型のようなものだ。

こうした思考・行動は、いま紹介したような趣味の世界だけに当てはまるわけではない。日常生活でも自然に仮説を立てて行動している。通勤を思い起こしてみよう。始業時間に職場に着くために、どの時間の電車のどの車両に乗るか、さらにはどの席の前に立っているると途中で座ることができるか。もしあなたが、こうしたことを考えながら通勤しているとしたら、仮説を立てながら、自分にとって一番よさそうな時間帯、車両を選んでいることになる。

では、何のために仮説を立てるのか。それは、「成長するため」だろう。仕事でも趣味でも日常生活の何気ない行動でも、少しでも現状よりよくしたいと思うのなら、仮説をもとに行動を取っていく必要がある。私たちの成長に、仮説は欠かせない。成長のために、誰もが仮説を立てて行動しているのである。

「仮説」や「分析」に身構えてしまう私たち

しかし、これがビジネスシーンとなると話はずいぶん変わってくる。仕事をしているときに「仮説」という言葉を聞くと、読者のみなさんはどのように感じるだろうか。「仮説を立ててみよう」と言われたとき、どんな印象を受けるだろうか。

筆者がセミナーや研修でこうした質問をしたところ、「難しそう」という声が多く聞かれる。実際に仮説を立てている場面を観察すると、二つのパターンに分かれるようだ。一つは「何かきちんとしたものを出さなければ」と肩に力が入るパターン、もう一つは「どうせ仮説なんだから……」と少し斜に構えてしまうパターンである。

同様の反応は、「分析」という言葉に対しても見られる。もっとも、分析という言葉に対しては、どちらかと言えば「分析なんてしても意味がない」というような、後者の反応の比率が高くなるが。

どちらのパターンにも言えることだが、ビジネスシーンで私たちが仮説や分析を行う場合には、無意識のうちに身構えてしまっているのである。日常生活ではごく自然に仮説を立てたり分析をしているのに、仕事になると途端に肩に力が入ってしまう。しかし、このように身構えてしまっては、よい仮説を立てたり、よい分析を行うことはできない。
どうすれば自然体で仮説や分析と付き合うことができるだろうか。

自然体で仮説立案と分析をするには？

仮説を立てたり、分析することがうまくいかない場合、よくありがちなのは、「仮説とか分析のような難しい言葉を使うから身構えてしまうんだ。だからこうした言葉を使わなければいい」と「仮説」や「分析」といった言葉のせいにしてしまうことだ。しかし、仮にこうした言葉がなくなったとしても、やることに変わりはない。仮説や分析といった言葉を使わなければ、本当に自然体で同じことができるかと言うと、首を傾げざるをえない。仮説や分析としっかりと対峙した上で、自然体で接することができるようにすることが必要なのだ。そのためには、大きく分けて二つのアプローチがある。

一つは場数を踏むこと、つまり実践の機会をできるだけ多く持つことである。場数を踏むことのできる環境の一つに、コンサルティングファームを挙げることができる。コンサルティングファームでは、なじみのない業界の企業に対しても、スピーディーに課題を特定し、提言することが求められる。その際のカギとなるのが、仮説である。業界での経験値が絶対的に低いコンサルタントが、クライアントと同じレベルでディスカッションできるようになるためには、業界の動向や課題などに対する仮説をスピーディーに立てる必要があり、さらに、より短期間にクライアントが期待する以上の提言を作り上げる必要があるのだ。このような環境に身を置いたら、身構えて仮説を立てたり分析をする余裕はない。

もう一つ場数を踏む環境として挙げられるのは、ビジネススクールである。多くのビジネススクールの特徴として、ケース・メソッドの活用が挙げられる。ケース・メソッドにはもちろん、マーケティングや戦略、会計といった個々の分野に関する知識や考え方の理解を深めるという側面もある。それに加えて、ケース・メソッドを通じて修得できるのは、意思決定につながる分析や仮説立案を行うスキルだ。つまり、ビジネススクールで修得できるスキルの大きなものに、こうした分析力や仮説立案力がある。

ケースに描かれているのはかぎられた情報でしかない。それらの情報をもとに、自分だったらどのように意思決定するかを短時間で考えなければならない。もちろん、その意思決定が場当たり的なものだったりしたら、教授やクラスメートから袋叩きにあうだろう。自分はこのような分析をして、こうした仮説を導いた、というように意思決定に至る「過程」に説得力がなければ、満足な評価を得ることはできない。ビジネススクールでは、こうしたケース・メソッドをシャワーを浴びるように体験して、仮説立案力や分析力を高めていくのである。

では、コンサルティング業界で働く人や、ビジネススクールに縁のない人でも自然体で仮説を立てられるようになることは可能なのだろうか。もちろん可能だ。しかしその場合はシャワーを浴びるように場数を踏むことは難しいので、一回一回の経験を実践の場として最大限活用しなければならない。そのためには、自分の経験とモデルとのギャップを振り返って、次の経験に役立てるのがもっとも効果的だ。その際に必要になるものが二つある。自分との距離を測るためのモデルが一つであり、そしてもう一つは、どのような流れで仮説を立てたり分析を行えばよいかの指針となるイメージだ。

仮説なき分析はデータの遊び、分析なき仮説は見栄えのよい思いつき

ここまでお読みいただいてお分かりのように、本書では、仮説立案と分析を表裏一体のものとしてとらえている。この点に違和感を持つ方もいるだろうから、少し補足しておこう。

仮説思考に関する書籍の中には、「分析力より仮説立案力のほうが重要」というように、あたかも両者が対立するものであるかのようにとらえているものがある。しかし、それは短絡的な見方と言わざるをえない。よい仮説を立てたければ、しっかりとした分析が必要になるのは当然のことだ。その優劣やどちらが重要なのかを論じることにあまり意味はない。

分析と言うと、複雑な数式をもとに数値を算出したり、定型化された分析手法やフレー

ムワークを使って情報を整理したりというイメージが強い。ひどい場合には、「分析をしている暇があったらまず行動しろ」というように、分析は行動しないことの代名詞のように扱われることすらある。

しかし、効果のない行動を当てずっぽうに繰り返すより、冷静にしっかり状況を分析して仮説を立て、その上で行動をしたほうが効果やスピードの点で優れているのは明らかだ。その意味で、仮説立案と分析はセットでとらえておくべきなのである。

分析の目的は「状況をよりはっきり理解する」ことにある。状況がはっきり理解できれば、結果的に行動のスピードアップにつながり、行動が柔軟になる。こうした手間を惜しんではならない。

本書の特徴

本書は、みなさんが経験した仮説立案や分析の経験を最大限活用できるようにするためのガイドとなることを目的としている。そのため、次のような特徴を持っている。

①仮説立案と分析のプロセスを解説

従来の仮説に関する書籍を見ると、仮説を立てるための具体的なヒントがいろいろと載っている。ところが意外にも、それらのヒントをどのような場面で使えばよいのか、という説明はほとんど見られない。しかし、私たちが知りたいのは、個々の発想の仕方をどのように組み合わせれば使える仮説になるか、だ。

もちろん、仮説立案の流れは一直線ではない。いろいろな考え方や手法を行ったり来たりしながら導いていくものだ。そうは言っても、大きな流れを理解しないかぎり、次に何をすれば仮説を導き出すことができるのか、とうてい見当もつかないだろう。

本書では、仮説立案の流れを「目のつけどころ」→「問い」→「仮説」という大きな流れで提示した。こうした仮説立案のための大きな流れを示すことで、自分は仮説を立てるためにどんなことをしているのか、次に何をすればよいか、の指針とすることができる。

同様に分析についても、「バラす」→「比べる」→「意味を読み取る」という大きな流れを提示している。これで、自らの分析プロセスを把握する指針とすることができる。こうした大きな流れをつかんでおけば、自分の仮説立案や分析のどこがよくてどこが改善できるのかをとらえることができる。

②事例と演習で仮説立案と分析のプロセスを体感

仮説立案や分析のイメージを持っていただくために、本書では演習や事例を数多く紹介している。

分析については、細部のデータの取捨選択や解釈の仕方が、その内容を大きく左右する。そこで、架空の事例をもとにした演習を題材に、どのような分析のアプローチがよくて、どのようなアプローチは適切ではないのかを見ていくことにする。

それぞれのアプローチに対して、よい分析例についてはどのような点がよかったのかを、そして不十分な分析例は何が悪いのかを、添削する要領で示していく。それによってこうした例のどこがよくてどこが悪いのかを考えると同時に、自分だったらどのようなアプローチで分析を進めていくのかを、少し立ち止まって考えていただきたい。そうすることで、自分の分析の仕方の特徴や改善点をつかむことができるはずだ。

一方、仮説立案については、実際にどんな仮説を立てたのかのイメージも必要になる。そこで、仮説を立案したプロセスの実例を交えながら、どのような流れで仮説を立て、行動に結びつけていったのかを見ていく。

紹介する事例の多くは、イメージしやすいように仮説立案の成功例で、かつなじみのある企業の事例を採用した。それらの事例を単なる一人の人物や一企業の成功談として扱うのではなく、仮説立案におけるポイントを示すための材料として活用している。事例を読む際には、解説部分に進む前にどこがよかったのかという観点で、自分なりにポイントを整理するとよいだろう。

③どこまで考えていけばよいかのガイドを提示

仮説立案や分析にかぎらず、ビジネスシーンで「考える」ことは、どこまで進めていけばよいのだろうか。またどの段階になったら行動に移すとよいのだろうか。

こうした疑問に対して、従来の書籍の多くは十分に答えていない。理想論的に「ここまで考えれば、求めるような解答を導き出せます」というものがほとんどだ。もちろん、理想とするレベルまで考えることができればよいことは分かる。しかし、現実としてなかなかそうはいかないことがほとんどだ。もし、理想的な姿まで考えなければ望むアウトプットが出てこないのであれば、それは絵に描いた餅であり、「使えない」思考法なのだ。

本書では、どこまで考えていけばよいかについて、随所で指針を提示している。もちろん、状況によって分析の深度も、また満足すべき仮説の形も変わってくる。しかし、こうしたガイドをもとに、適切だと判断するレベルまで分析を進め、仮説を進化させる必要がある。本書を、その際の判断材料としていただければ幸いである。

本書の構成

本書は次のように構成している。まず第1部として、仮説思考の要素となる「仮説」「分析」「行動」に関する概要を説明する（第1章～第3章）。あわせて、どのような仮説や分析、行動が求められているのか、そのためにはどんな点に注意すべきなのかについても説明していく。

第4章からは第2部として、分析に焦点を当てる。本書では、具体的な分析手法の紹介は行わない。その代わりに、どのような分析手法にも共通している考え方を紹介していく。それは、分析対象を「バラす」（第4章）、「比べる」（第5章）、「読み取る」（第6章）ことである。この三つは、どんな分析においても、どんな手法を使っても必ず行われる。こうした分析の根底にある考え方を活用できるようになれば、個々の分析手法の細部にとらわれることなく、分析対象をクリアに見るという目的を達成できるはずである。

第3部となる第7章からは、仮説立案のための思考技術を、仮説を導くまでのプロセスで見ていくことにする。まずは、仮説を出したい対象のどこに目をつけるかだ（第7章）。目のつけどころの良し悪しで仮説の良し悪しが決まってくる。次に、私たちが無意識に立てている「仮説を導くための問い」について見ていく（第8章）。この問いをどれだけ意識するかで、仮説のクオリティは大きく影響を受ける。そして、仮説を導く（第9章）。最後に、その仮説を検証する部分にも焦点を当てる（第10章）。仮説は、検証できて初めて意味のあるものになる。どのような検証をすべきなのか、それについて見ていきたい。

ここまで分析と仮説立案のプロセスを個別に見ると、両者をどのように活用すればよいかという疑問が生じるだろう。そこで、第11章では、演習を通じて、データが分析や仮説立案からどのように次の行動につながっていくか、一連の流れを示す。この章で、これまでの個々のプロセスの振り返りと、仮説を導いて行動に移る流れの確認ができるはずだ。

第12章からは、第4部として現実のビジネスシーンを想定しながら、分析と仮説立案の課題について紹介していきたい。第12章では、「考える」ことと「行動する」ことのバランスの取り方について考えていきたい。分析したり仮説を立てたりするだけでは成果に結びつかない。ただし、分析や仮説抜きの行動も同じく成果には結びつかないだろう。では、どのようにバランスを取る必要があるのか、そのヒントを紹介していく。最後の第13章では、チームで仮説思考を実践する場合のヒントについてまとめた。チームで仮説思考を実践するのはメリットも大きい反面、注意しないとかえって精度の高い行動を妨げてしまうことも多い。そこでは、いわゆる「会議の進め方」などで解説しているような手続き的な部分以上に、チームとしてのマインドセットが重要になる。その部分も解説する。

本書によって、みなさんの日々の仮説が精度を高め、さらに精度の高い行動につながっていくことができれば幸いである。

目次

第1部　仮説思考を身につける

第1部では、仮説思考を概観する。仮説思考は、仮説をもとにした行動、分析、仮説立案の三つからなる。仮説思考で求められるのは、正解かどうかよりも、「精度の高さ」「解像度の高さ」である。精度の低い行動や仮説、そして解像度の低い分析と対比しながら、そのイメージをつかんでいただきたい。

第1章　仮説思考とは

仮説をもとに行動する

仮説思考とは、仮説をよりスピーディーに精度の高い行動に結びつける考え方である。ビジネスシーンは、問題解決の連続と言っても過言ではない。経営上の意思決定から現場で起こったトラブル対応まで、レベルに違いこそあれ、すべてが問題解決ととらえられる。これら日常的に起きる問題に対しては、どのように対応し解決していけばよいのだろうか。

方法の一つは、地道に解決策を導き出して行動に移すことである。判断に必要な情報をすべて集め、考えられる打ち手を網羅的に列挙した上で結論を下して行動するという方法だ。この方法は、理論上はうまくいきそうだが、昨今の、変化の激しい環境にスピーディーに対応することはできない。いくら綿密に検討を重ねて効果的な解決策を考え出したとしても、当初と状況が変わってしまっては意味をなさない。

図表1-1　仮説思考の全体像

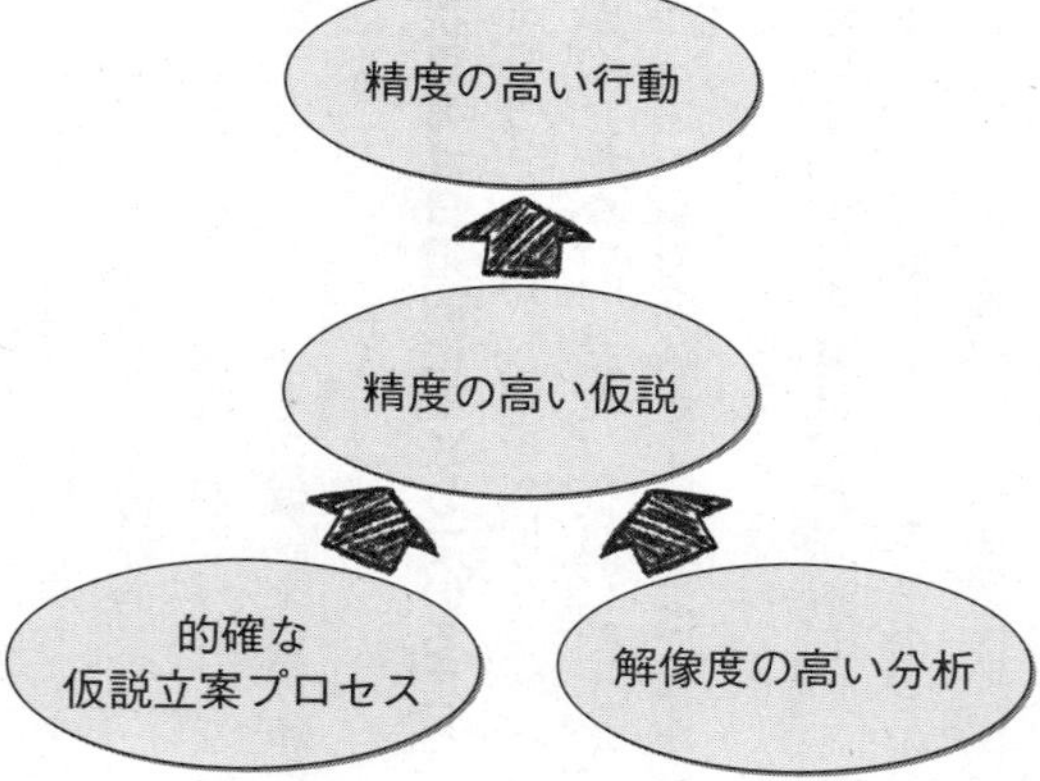

変化に対応するためには、いつどの時点でも行動に移せるようにしておかなければならない。つまり、意思決定や行動ができるような答えを仮の形ででも持っておく必要がある。これが仮説である。そして必要に応じてその仮説を修正・進化させる。かぎられた情報をもとに仮説を立て、必要に応じて検証を行いながら行動に移すというダイナミックな思考・行動パターン、これが仮説思考である。

仮説思考とは、単にある局面での考え方だけを指すのではない。行動まで含めて「仮説思考」なのである。仮説は文字通り、「仮の答え」であって、仮の答えを出しただけで満足するのは本末転倒だ。仮の答えをもとに何らかの行動を起こして、初めて仮説が意味を持つようになる。さらに、「仮説と検証」と、セットで語られるように、仮説は検証されなければ意味がない。仮説を導きその仮説をどう活用するかという、思考・行動プロセス全体をとらえなければならないのである。

したがって、本書では「仮説思考」を次のようにとらえる（図表1―1）。仮説思考での成果物は、仮説そのものではない。「どんな行動を取ったか」である。行動を取るには、行動のもととなる「仮説」がなければならない。その仮説を導き出すために行うのが「仮説立案」だ。そして、その仮説をより精度の高いものとする原動力が、「分析」である。

仮説思考は日常的に実践していること

「仮説思考」という言葉を聞くと、なにやら難しいことをしなければならないように感じるかもしれない。また、仮説に関する書籍には、仮説を立てるにはコンサルタントのように高いスキルや経験がなければできない、という印象を与えるものもある。

しかし、現実にはそんなことはない。私たちは、誰でも日常的に仮説に基づいた行動を取っている。仮説思考は、何か新しいことを身につけるような話ではない。実際に私たちが日々考え、行動していることそのものである。

たとえば、事業戦略を立案する際、関連する情報をすべて集めて分析をした後に戦略を組み立てる、という流れを取ることはめったにない。そんな情報収集を行うだけの労力と時間がないからだ。そうではなく、情報の欠落している部分は仮置きしながら、現時点でのベストの戦略を立案して実行する。こうした動きが仮説思考にほかならない。戦略立案にかぎらず、あらゆるビジネスシーンで私たちは同じように考え行動している。「どんな商品を開発するか」「部署の生産性をどのように高めるか」「どのように関係者を巻き込むか」。考える対象のレベルにかかわらず、仮説を持って行動に移すことは、何らかの形で行っているのだ。

しかし、日常的に仮説思考を実践していても、変化に素早く対応した行動につながるとはかぎらない。それは、仮説思考を自覚しているか、そして仮説思考の精度を高めようとしているかが大きく影響する。

仮説思考の無自覚が生み出す「ためらい」「かたくな」「りきみ」

仮説思考を実践する第一歩は、自分がいま考え出した結論は仮説で、仮説をもとに行動しているのだと普段から自覚しておくことだ。仮説思考を自覚した姿とは、自分の考えや行動に修正の余地があるという前提で、変化や他の人の意見に対応しようと心がけることである。

その一歩を踏み出せない場合、次のような症状が見られるようになる。こうした症状が起きると、途端に行動の精度とスピードは低下する。症状別によく耳にするセリフを紹介しながら、仮説思考の自覚に欠けている状況を説明しよう。

①ためらい

「これでいいのか分からない」

「このまま進めてしまってよいか、自信がない……」

こうした言葉とともに、どうすればよいか戸惑うような状況は、仮説思考を自覚していない典型的な症状だ。

自分の取っている行動のどこが仮説に基づいているか分からないので、本当に自分の行動が適切なものかどうかに自信が持てない。したがって、少しでも想定外の事態に直面すると、考えるのをあきらめたり、行動に出るのを躊躇したりする。こうして、行動のスピードは低下していく。

しかし、仮説思考を意識していれば悩む必要はない。現状の仮説のままでよいならそのように行動する。仮説の精度が十分でなければ精度を上げればよいだけの話である。ためらいは、仮説思考を意識していないから起きるのだ。

②かたくな

「……のはずはない」

「きっとこれで大丈夫だ」

自分の結論に対する反論があったとき、こうした反応が出る場合も仮説思考を自覚していないときによく見られる症状だ。自分の考えは仮説だと最初は自覚していても、次第に正しい答えだと思い込むようになり、「かたくな」な症状に移行することが多い。

「かたくな」の症状は、「ためらい」の裏返しでもある。自分の仮説に自信を持てないがゆえに、かえって自己防衛反応が強くなってしまう。自信がない上に行動を修正する術《すべ》も分からないと、「自分の意見は正しい」と殻にこもってしまったり、「自分の意見のどこが悪いのだ」と開き直ってしまうのである。

「かたくな」の症状が重症化すると、行動の柔軟性もなくなる。自分の言っていることは正しい、自分の判断は間違いではないと思い込んで、行動もかたくなになっていく。思考や行動に柔軟性が欠ければ、変化への対応は難しくなる。つまり、思考や行動の精度を低下させる。こうした柔軟性に欠ける行動の多くは、仮説思考の自覚の欠如から生まれる。

③りきみ

「じゃあ、仮説を立ててみようか……」

「しっかりとした仮説を立てなくては……」

仮説を立てるときに、こんなセリフとともに少し気合いを入れたりすることはないだろうか。もちろん、重要な案件だから気合いが入ること自体はよいのだが、仮説を立てようとする際に気合いが入ってしまうのは、普段から自分は仮説思考をしているという自覚がないからだ。そのため、「仮説を立ててみよう」と言われた瞬間に、急に肩に力が入ってしまう。「仮説を立ててみよう」と言われて、むしろ「いつもと同じことをすればいいのだ」と感じるくらいでなければ、普段から仮説思考を自覚しているとは言えないのである。

逆に、仮説思考を自覚している人には、次のような特徴が見られる。

・他の意見を歓迎する

・他者からの指摘に対して落ち込んだり、いきり立ったりしない

・代わりとなるアイデアがすぐ浮かぶ

・変化に対する許容度が高い

こうした特徴は、持って生まれたものではない。仮説をもとに考え行動することを意識し、その仮説をよりよくしたいと考えているからできることなのだ。

もちろん、このように思っているだけでは、よい仮説にはならない。以後では、本書の主題でもある行動や仮説の精度を高めるための考え方を見ていくことにする。

仮説思考で求められるのは「精度」

仮説思考を成果に結びつけるためには、仮説を自覚することに加えて、もう一点注意しなければならないことがある。それは、どんな仮説や行動を「よい」と見るかである。

仮説思考では、仮説や行動を「正しい」「間違っている」という観点では評価しない。

その良し悪しは、「精度」という観点でとらえる。私たちが求めているのは、精度の高い

仮説や行動で、精度の低い仮説や行動は改善が求められる。では、ここで言う「精度」とはどのようなものなのか。そして、何が精度の高さを決めるのだろうか。

次の例で考えてみよう。前月の営業成績が目標を下回った営業担当者が、前月を振り返り、今月の活動について考えている場面だ。次の三つのパターンのうち、どのパターンが、もっとも精度の高い行動に結びつくだろうか。

パターン1：過去をくよくよ考えても仕方ない。気持ちを入れ替えて、今月頑張ろう
パターン2：商談の仕方がよくなかったようだ。商談の仕方に気をつけよう
パターン3：商談の際、商品説明に時間を取りすぎて、ニーズを十分聞き取れなかった。
　　　　　ニーズを聞き出すように注意しよう

パターン1に関しては、そもそも仮説がない。これでは今月も同じことの繰り返しになる可能性が高い。パターン2はどうだろう。仮説があることはあるが、この程度の仮説では、どのような行動を取ればよいかが具体的にはならない。いくら商談に気をつけていても、商談自体のクオリティが上がることは期待できない。つまり、仮説の精度が低く、結果として行動の精度も高くならないのだ。

では、パターン3はどうだろう。パターン2と比べて、より具体的な部分まで踏み込んだ仮説となっている。こうした仮説があれば、より具体的な行動につながる。仮にニーズを聞き出しても成績が上がらなければ、なぜうまくいかなかったのかの検証が容易で、翌

月以降はニーズ聞き出し以外のポイントに焦点を当てればよいことになる。こうした仮説をもとに行動を取れば、その精度は一段高まるはずだ。

ここで、パターン1からパターン3の思考・行動に対して、どれが正しくてどれが間違っているか、という観点で評価したらどうなるだろう。正しいか間違っているかは、その行動を取った後に初めて分かる。つまり、仮説を立てている段階では、どれが正しいかは分からないのだ。パターン3が正しい行動かもしれない一方で、パターン1が結果的に正しいかもしれない。このような結果オーライ的な評価は、単なる答え合わせにすぎない。答え合わせから生まれるのは、自己満足だけである。仮説の良し悪しを評価すべきなのは、どれだけ踏み込んだ仮説を導いたか、具体的な行動につながったかという精度なのだ。

具体的でピントを外さないのが精度の高い行動

では、精度の高い行動や仮説とは、どのようなものだろうか。精度の高い行動には二つの条件がある。一つは、具体的な行動の形で表現できるということだ。何となく「商談の仕方に気をつける」ではなく、「商談の際にはニーズを聞き出すようにする」という具体的なものにすることで、行動のブレがなくなる。そして、精度の高い行動を実現するには、行動のベースとなる仮説も具体的なものにしなければならない。

もう一つは、その仮説や行動がピント外れでないということだ。いくらターゲットを絞り込んだ営業活動を行っても、そのターゲットが本来重点を置くべきものではなかったら意味がない。単に具体的なだけでなく、焦点の合った行動を取っているか、ピントの合った仮説が立てられているかが精度を決める。

しかし、具体的な行動を取ればそれだけ、ピント外れになる可能性も高まる。漠然と行動していれば、間違いとなる可能性は減る。ここで漠然とした方向に逃げるのではなく、具体的でピントの合った仮説を目指さなければ行動の精度は高まらない。

こうした精度の高い行動を取るには、その裏づけとして精度の高い仮説、さらには分析が求められる。

そこで次の章では、精度の高い行動を支える分析とはどのようなものかを見ていくことにする。

第2章　分析とは

よい分析は精度の高い行動を支える

「分析」という言葉は、日常、さまざまな場面さまざまな用途で使われている。ビジネスで使われる「分析」を思いつくまま挙げてみても、財務分析、経営分析、市場分析、ニーズ分析、定量分析、ＡＢＣ分析、職務分析、問題分析等と、ありとあらゆる言葉に分析という文字がつけられている。あまりにいろいろな場面で使われるため、何となくデータや情報を複雑に加工すれば分析した気になってしまう。その結果、分析という言葉に対して、「結論を出す前にデータをいじくりまわすこと」とのイメージが定着している感もある。

こうしたイメージが、分析を、行動を妨げるものの象徴であるかのようにみなす原因の一つとなっている。ただ、これらはあくまでも分析に対するイメージにすぎない。よい分析とは、精度の高い行動を実現するために必要不可欠なものだ。本章では、よい分析とは何か、またよい分析は行動の精度を高めるのにどう役立つのかを見ていきたい。

分析とは状況をクリアに見ること

正確に表現すると、分析とは「次に取るべき行動のヒントとなるよう、状況をクリアに見る」ことである。状況をクリアにとらえるという観点から考えれば、分析で必要とされるのは「解像度の高さ」である。分析の目的は、精度の高い行動につなげることにある。具体的かつピントを外さない行動を取るためには、どのような状況かをはっきり理解していなければならない。その理解を助けるのが分析なのである。

たとえて言えば、分析の良し悪しは映像の画質と同じと考えることができる。粗い画質では、何が映し出されているかをつかむことくらいはできても、細部までは分からない。仮にズームをして細かい部分が見えるようになったとしても、今度は逆に全体像がとらえられなくなる。全体像が把握できなければ、自分の見ているものがいったい何なのかは分からないだろう。これがハイビジョンTVのような高画質の映像なら、細部もクリアに映し出されると同時に全体像もはっきりと見える。このような映像なら、画面に映し出されたものを、より正確に理解することができる。

そして、より細かい部分まではっきり理解できれば、仮説や行動の精度が高まる。スポーツで、失敗をした場面の映像を考えてみよう。粗い画像をいくら見ていても、ミスをしたことは分かるが、何が悪く、どう改善すればよいかという具体的なレベルまでは分からない。一方、ハイビジョンTVのように解像度の高い画質ならば、ミスの詳細まで分かり、結果として改善すべきポイントも明らかになる。このように解像度の高い分析は、精度の高い行動を生み出すのに欠かせないものなのである。

もちろん、分析の解像度が低くても状況をまったく理解できないわけではない。場合によっては、そうした行動でもよい結果をもたらすかもしれない。しかし、それはまぐれ当たりの世界にすぎず、精度の高い行動を取り続けるのは不可能だ。ましてや、うまくいった原因を振り返ることなどできるはずがない。行動の精度を高めたい、成功確率を高めたいと考えるなら、しっかりとした裏づけに基づく行動を取るべきだ。そのためには、ハイビジョン画像のように解像度を上げて、より細かい状況までを理解する必要があるのだ。

解像度の高い分析は新たな発見をもたらす

では、解像度の高い分析は、精度の高い行動にどのように役立つのだろうか。それは、分析結果から「!」と感じるもの、つまり新たな発見を得られることだ。解像度が上がれば、新たな発見がある。新たな発見がなければ、いくら細かくデータを分析してもそれはピントの外れた分析で、決して解像度が高いとは言えない。

ここで求められる新たな発見とは、以下の三点で「!」のあるものだ。

①漠然としていたものがくっきり見える

漠然としていたものがはっきりとその姿を現してくると、新たな発見につながる。こうした発見を生み出す典型的な分析に、大ぐくりのままでは気づかなかった問題が、細分化することでより具体的に見えてくるというものがある。たとえば、「ミスが多い」という状況も、分析が進めば、時間帯によって発生するミスの種類が異なっていることが見えてくるかもしれない。このような分析でミスの状況がはっきり分かれば、仮説や行動の精度も高まる。

②見えていない部分が見える

もう一つの発見として、これまで見逃していたり、気づかなかった部分が見えることが挙げられる。データに埋もれて見逃していたポイントや、他のデータが邪魔をして軽視していたものが途端に重要性を帯びて見えてくることも、新たな発見である。全国の営業所の業績に関する分析で、地域別や規模別では特徴は見当たらなかったとしよう。ここで、営業所長の経験年数別を見てみると、同じ営業所の所長を長期間務めているほうが業績が悪いという傾向が出たとする。この場合、地域別や規模別の分析では見えなかったことが、営業所長の経験という観点からの分析で見えてきたことになる。

③言葉にできなかったことが言語化される

解像度が上がると、説明もしやすくなる。言いたいことを表現できない、という場面をよく見かける。それは表現力の問題ではなく、表現に至るまでの理解が進んでいないためであることが多い。「自分が率いるチームがうまくいっていない」と感じていたとしよう。この感覚だけでは印象論にすぎず、精度の高い仮説や行動にはつながらない。それは、状況をクリアに把握できていないからだ。そこで、チームメンバーの行動を分析して、「チームのメンバー間で、行動に移す優先順位が異なる」という状況まで言語化できれば、次に取るべき行動もはっきりする。このようにうまく言葉で表せなかったものが表現できるようになることも、分析を通じた新たな発見である。

解像度の低い分析の数々

反対に、解像度の低い分析とはどのようなものだろうか。精度の高い行動につながらない分析には、いくつかのパターンが見られる。

①淡々実況中継型

事実やデータの列挙・整理に終始し、それ以上のことに言及しないパターンだ。事実列挙のまとめとしては「正しいかどうかは、何とも言えない」というスタンスを取り、それ以上踏み込もうとしない。たしかに結論に間違いはない。しかし、この結論では、「事実やデータの整理は誰でもできる。あなたがこの分析で生み出した価値は何ですか?」と聞きたくなる。事実やデータの提示だけでは、それをさらにまた分析しなければならない。

見方によっては、体《てい》よく分析から逃げている、ということもできるような分析だ。

②「とにかく俺についてこい」型

①のパターンとは逆に、自分の思い込みが先行し、事実やデータと関連のないことまで結論とするパターンだ。「結果はこうだ」とはっきり打ち出してはいるが、裏づけとなる事実やデータが欠けていたり結果と関連がなかったりするため、その主張の納得性に欠ける。

このパターンは、分析結果と裏づけとなる事実やデータとの関連性が薄いのが特徴で、関連していたとしても、ごく一部の事実やデータから強引に分析結果を導いてしまっているケースが多い。特にインタビューなど、定性的な情報をもとに分析する場合、この傾向は顕著なものとなる。自分の思いとぴったり合うようなコメントが一つでもあった場合、「現場の声として上がっているから」と錦の御旗を掲げて、強引に結論づける。

また同種のものに、関連しそうな事実やデータを箇条書きにして「以上から……」と分析結果を示すものもある。「以上から」とは言うが、どこをどう読めば事実と分析結果がつながるのかの説明は一言もない。見る側が本当に知りたいところは煙に巻き、自らの出した結論を納得させようとするかのような報告書となる。

③決めゼリフで勝負！型

とにかく見栄えで勝負するパターンである。ビジネスシーンで特に魅力的に見えるキーワードには、「差別化」「付加価値」「顧客満足」「変革」などが挙げられる。そうした言葉を分析結果にちりばめておけば何とかなると思っているようだ。同様に、見栄えのよいフレームワークや分析手法を多用するのも、このパターンの特徴だ。ついには、「この分析のポイントは、3Cというフレームワークでアプローチしたところです」と、3Cや4Pといったフレームワークで整理するのが目的となってしまっているものもある。冷静に分析結果だけを見ると、具体性のないものがほとんどである。

④蟻地獄型

特に定量データは、いろいろな観点からの分析が可能なため、入り込んでしまうと何のための分析かが、分からなくなることが多い。抜け出そうとするとかえって「何とかまとめなければ」とムキになり、深みにはまり込んでしまう。その結果、一部は細かいが残りは大雑把になるなど、バランスを欠いたり、全体感に欠ける分析となってしまう。

そのため、このパターンの分析結果は、偏った内容であることが多い。しかも、偏っている部分が本来分析したかった内容とは関係がない、という悲劇的な状況も起こりやすい。

⑤「自分には言い訳が……」型

何か分析結果を出すごとに、「時間がなくて……」「データがなくて……」と言い訳をつける。自分でも不満足なできだと分かってはいるが、それは制約があって仕方がなかったのだ、というニュアンスを醸し出そうとするパターンだ。

質《たち》の悪いことに、このパターンの分析のあとには、その結果とは関係のない行動を取るケースが多い。言い訳をする上に、これまでの分析結果をリセットする行動をとるようでは、分析のための時間をムダにしたことを自ら明らかにしているようなものである。

このパターンの一番の問題は、言い訳を隠れ蓑にしてできるはずの分析まで放棄するところにある。時間はあったのに、ムダな分析をした。必要なデータはあったのに見落とした。しかし、「時間がなかった」などの言い訳によって「仕方のないことだった」とごまかしてしまう。これが最終的には、精度の低い行動の正当化につながっていく。

ただし、このパターンには、本当にデータや時間がなかったというケースもあるから、見分けが難しい。分析結果を見ただけでは判断できないのが、他のパターンと違うところだ。見分けるには、「では、あとどのくらい時間があれば完成しますか？」「どんなデータがあればはっきりした分析結果となりますか？」などと質問してみるとよい。それに明確に答えられれば、本当に時間やデータが足りなかったのだろう。反対にこの質問にあやふやな答えをするような場合は、まず言い訳にすぎないと思ったほうがよい。

これら五つのパターンは、それぞれが単独で現れるわけではない。多くの場合、いろいろ組み合わさって出現する。たとえば、散漫な分析結果で最後にとってつけたように「……差別化すべきです」とキャッチーな言葉が出てくるような分析は、「『とにかく俺についてこい』型」と「決めゼリフで勝負！型」が組み合わさったものだし、一部の分析で最後まで押しまくるのは「『俺についてこい』型」と「蟻地獄型」の組み合わせだろう。また、「自分には言い訳が……」型は、往々にして「淡々実況中継型」と組み合わさって、自分なりの分析結果を出そうとしない言い訳として使われる。

解像度の高い分析を行うためには心構えから

以上紹介したような「いまいちな分析」になってしまうのは、第4〜6章で説明する思考技術が十分でないことが原因である。しかし同時に、分析の際の心構えによるところも大きい。解像度の高い分析を目指すのではなく、データがあるから、分析しなければならないから、という理由で何となく取り組むと、こうしたパターンに陥りやすい。

そこで、解像度の高い分析を実現するために、心がけておくとよい点を紹介しよう。

①完全な分析結果はない(絶対評価ではなく、相対評価で見る)

分析にはもちろん解像度の高いものが求められるが、毎回一〇〇点満点を取らなければならないわけではない。むしろ一〇〇点満点の分析結果は現実的でない、と言ったほうがよいだろう。完全なものを求めすぎると、不完全な分析結果が出た場合に自己正当化に走り、前述のパターンに陥ってしまうことがある。特に「決めゼリフで勝負!型」のように、自分の分析が不完全なのを承知の上で、分析結果を相手に認めさせたいという意識が強く働き、聞こえのよい言葉で取り繕うとするケースとなる。

あくまでも、分析をする以前と比べてどれだけ解像度が上がったか、という観点で良し悪しは判断する。そして不完全な分析結果であることを自覚し、どこを補強すればよいかをつかんで改善していく姿勢が求められる。

②分析は主体的に行うものである

特定の分析手法を用いると自動的に誰でも同じような答えが出てくる、と考える人がいる。このように考える人が陥りがちなのは、「淡々実況中継型」だ。事実を整理するだけなら、誰でも同じような分析結果になるし、間違いは少なくなる。しかし、それはあくまでもデータ整理の段階までだ。解像度の高い分析結果を導き出そうとするなら、「間違いではない」という世界から一歩踏み出さなければならない。

他の人と異なる分析結果になるのは、ある意味当然のことである。仮に同じ分析手法を使ったとしても、データの集め方や整理の仕方、整理したデータの読み方や重点の置き方によって結果は十人十色になる。同じ対象を見る解像度が上がると言っても、その対象を映す角度が変われば、見え方は変わってくるからだ。

人と違う結果が出ると、間違った分析をしたのではないかと不安になったりすることがある。しかし、前述のように、同じ分析結果が出ること自体がまれなのだ。むしろ、他の人と同じ分析結果になったら、自分の価値があまり出ていない分析をしたと疑うほうが健全だ。自分なりの結論を発見する、探るという意識を持ちたいものである。

解像度を高めるための三つのステップ

では、どうすれば分析の解像度が高まるのだろうか。それは、さまざまな分析手法を覚え、その技術を磨くことではない。データや情報を「バラし」、それらを「比べ」、その結果を「読み取る」という三つのステップを地道にこなすに尽きると言ってよい。詳細は第4～6章で見ていくが、ここではその概要を紹介する（図表2－1）。

①データをバラす

分析の解像度を上げたければ、まず細かく分析対象をバラすことだ。分析対象をバラさないことには、漠然としたままでの分析を余儀なくされる。これではとうてい、解像度の高い分析を望むことはできない。バラし方には個人差があるので、いかに丁寧に、そしてうまくバラすかで、分析の解像度は変わってくる。

②バラしたものを比べる

分析対象は、比べて初めて何らかの意味を帯びてくる。したがって、分析対象をバラしたら、それらを比べてみる。そうすると、さまざまな傾向や共通点、特徴的なポイントが見えてくるはずだ。「比較」と一言でまとめても、何を何と比べるのか、どのような基準で良し悪しを判断するのかなど、人によって比較の仕方はいろいろだ。どのような比較をするかは、分析における腕の見せどころの一つである。

図表2-1　分析の流れ

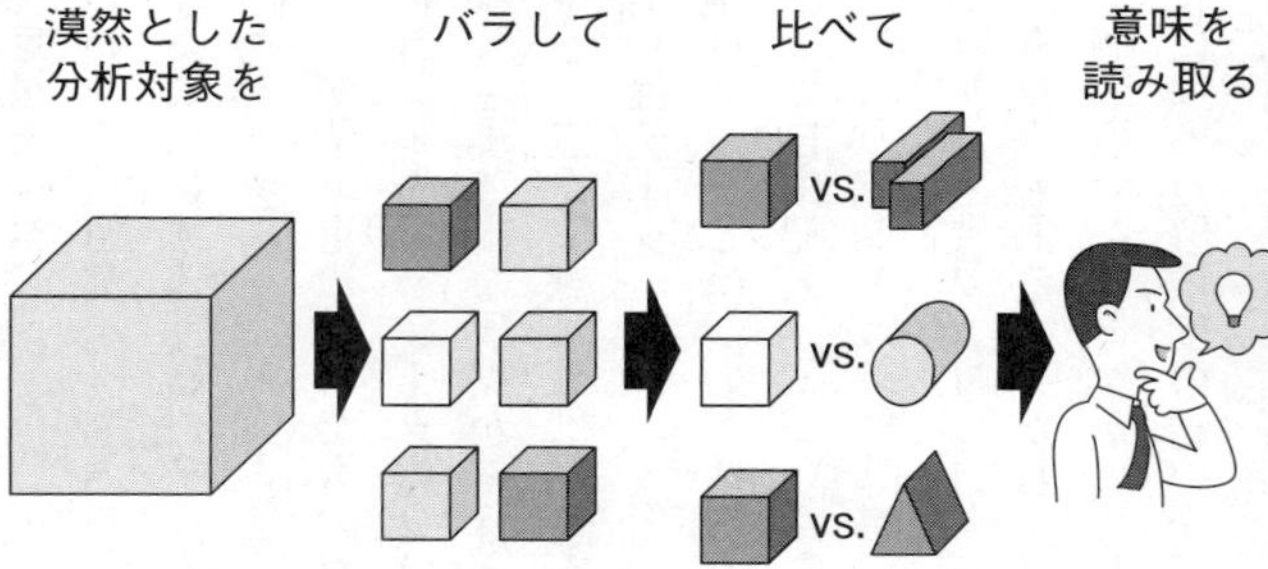

③比べた結果を読み取る

分析対象を比べた結果、特徴的な傾向や共通点が見つかったら、その意味を探り、読み取る作業に入る。同じデータを同じようにバラし、比べても、この読み取る段階で分析結果はそれこそ十者十様になる。とはいえ、誰も納得しないような読み取り方をしても、自己満足にすぎない分析結果になるだけだ。新たな発見をもたらすと同時に、納得感があるような読み取り方が求められる。

分析で使う「定量データ」と「定性データ」

分析で利用するデータは、大きく二つの種類に分かれることにも触れておこう。それは、「定量データ」と「定性データ」である。どちらのデータとも、分析の基本が「バラす」「比べる」「読み取る」という点は同じだ。しかし、バラし方、比べ方、読み取り方における注意点が異なる。

①定量データ

いわゆる数値データである。そのうち、本書では特に統計データを定量データとしてとらえることにする。統計データとは、ある集団内の個々の要素が持つ特徴を数値化してまとめたものを指す。たとえば、ＰＯＳデータは商品や販売時間ごとの売り上げに関するデータが積み重ねられたものだ。

統計データは、データの分け方や集計の仕方で、見え方が大きく変わってくる。また、比較もさまざまな観点から行えるので、データから多くのことを読み取ることができる。こうした点を注意すれば、驚くほど解像度の高い分析ができる。

②定性データ

定性データとは、いわゆる文字情報のことである。事例やインタビューコメント、アンケートの自由記入、気づいたことのメモ、などが該当する。

これらのデータは、集計が難しい上に、印象深い一部の情報に引きずられる恐れもある。しかも、すべてのデータを調べることはほぼ不可能なので、一部しか扱うことができないという難点もある。しかし、単なる数値からだけでは読み取れない生の声やリアルな雰囲気、個別事情などをつかめるというメリットもある。こうしたデータをうまく活用すれば、現状に迫った解像度の高い分析に結びつけることができる。

なお、この二種類のデータをともに使って分析する際に、注意しておきたい点がある。それは「定量面からの分析」「定性面からの分析」というように、データの種類によって分けて分析をしないことだ。たしかに、両者は性質の異なるデータだが、二つを分けて分析すれば解像度が上がるわけではない。本来であれば、目的から見て分析すべき項目を細分化し、それらの項目に対してデータの種類にかかわらずデータを仕分けして分析を行うべきである。

データの種類は、あくまでもその取り扱い方に違いがあることを示しているだけで、わざわざそれらを分けて分析する必要はない。

実際に分析をしてみよう

本章の最後に、分析の題材を挙げておこう。

あなたはX社の営業管理部で、営業担当者の業績管理をしている。X社では営業担当者による業績の差が大きく、あなたとしてはその差を少なくして、営業担当者全体としてのパフォーマンスの底上げをしたいと考えている。

そこで、社内でも特に安定して高い営業成績を上げている四名の営業担当者の行動を観察してみることにした。

囲みの文章のように、四名の営業担当者の情報を入手したとしたら、あなたはどのように分析を進め、どのような結果を導くだろうか。

第4~6章で、実際の分析の進め方の例について解説するが、それを読む前に、手を動かしながら以下についての自分なりの考えをまとめていただきたい。

分析結果：以下の要領で分析結果をまとめる
「成功する営業担当者に必要なのは○○である」

分析結果を導いたプロセス：以下に関して自分のしたことをまとめる
・四名の営業担当者の情報をどのように活用したか。
・営業担当者の情報からどのように分析結果を導いたか。

A氏

A氏はX社の営業担当者の中でも特に担当顧客を多く抱えている。当然、担当顧客への訪問回数は多い。商談あたりの面談時間も長い。

A氏は商談の席につくと、まずは世間話から話を切り出すことが多い。話題は政治経済からスポーツ関連、ワイドショー関連までと幅広い。そして冗談を交えて顧客と打ち解けていきながら、知らず知らずのうちに本題に入っていることが多い。商談のための資料も事前に準備しているわけではないので、いつ本題に入ったのかが自分でさえ分からないくらいだ。

商品知識自体はそれほど豊富ではなく、自らすすんで商品の説明や提案をするというよりは、顧客の話を聞きながら必要に応じて商品説明の時間をはさむ、というスタイルを取っている。顧客からの質問に答えられないケースも多く、その場合は次回にあらためて説明する、という形でいったん持ち帰っている。そして、次の商談では質問内容に詳しい人物を同行させ、その質問に答えているのだ。このような商談を重ねることによって顧客との距離を縮め、信頼関係を築いている。それが、担当顧客の多さにつながっているのだろう。

B氏

B氏もA氏同様、多くの担当顧客を抱え、毎年全国トップクラスの受注実績を上げている営業のエース的存在である。しかし、意外なことに顧客への訪問回数は少ない。「何度も足を運んでも仕方がない。一回の商談のテーマを決めて、きっちりと進めていけば訪問回数自体は少なくとも、受注につながる」と断言している。

B氏は、商談の席につくと、まずは顧客企業の状況についてヒアリングする。顧客の状況に応じてX社商品をどのように説明し、提案すればよいかを探っているのだ。そのため、顧客の話を聞く時間が長く、商品説明をする時間は短い。しかし、顧客の状況を把握した上での商品説明となるので、説明自体は的を射たものとなっている。これは、B氏の商品知識の豊富さも役立っているのだろう。

さらにB氏の商談において有効なのが、説明用の資料である。ヒアリングはするものの、その内容をまるで事前に知っていたかと思えるような、顧客企業の状況を押さえた資料を用意している。もちろんヒアリングによって新たに得る情報もあるので、完全な内容ではなく、顧客からの質問を受けることもある。その際は、あらためて検討すると返答して、次回の商談ではその答えとなる資料を持ってくるのである。

このようにポイントを押さえた商談をしているので、一見穏やかな雰囲気の中にもぴんと張り詰めたものを感じることができる。そうした一種の緊張感も、顧客に説得力を感じさせているのだろう。

C氏

C氏の担当顧客数は意外なほど少ない。それでも、毎年多くの受注を獲得しているのは、担当顧客あたりの受注単価が高いことを意味している。それを実現するのは高い訪問頻度にある。同時に、一つの顧客に対してじっくり時間をかけるという言葉の通り、一度の商談が長丁場になることも多い。

何度も同じ顧客と商談を重ねるわけだから、商談の開始時には前回の商談内容の確認を行う。とはいえ、話しているのはほとんど顧客側である。C氏は話を切り出すと、その後は質問をしながら、顧客の話の内容をまとめていく。前回の商談から新たに状況が変化した点や、まだ聞き出していない関係各部署の状況や要望を聞き出していくのである。その質問の引き出しの豊富さにはほれぼれする。

C氏は商談用の資料を用意していない。しかし、前回までの商談の内容については、事前にまとめて顧客にメールで送っている。それを両者で確認しながら商談を進めているのだ。

もちろん商談の中で、顧客から要望や質問が出ることがある。そうした要望や質問はしっかりメモをとって、後日メールで返答していると言う。

　このように質問や要望を聞くばかりで受注に至るのかと疑問に感じるが、絶妙なタイミングで商品の提案をすると、不思議なくらいに顧客は納得し、受注を獲得するのだ。おそらく、質問を通じて顧客の状況をしっかりつかんでいるのと、正確な商品知識を持っているから、短時間で納得性の高い説明ができるのだろう。

　商談は、終始冷静な雰囲気の中で進められている。

D氏

　D氏も担当顧客を豊富に抱え、足しげく顧客を訪問するタイプだ。しかし、一回あたりの面談時間自体は短く、面談の回数を重ねながら受注を獲得しているようである。

　D氏の、商談における話の切り出し方は多種多様である。世間話に花を咲かせることもあれば、いきなり本題を切り出すこともある。D氏に、どのような観点で話の切り出し方を決めているのか、とたずねると「その場の雰囲気」という答えが返ってきた。

　どのような内容で商談が始まったとしても、本題に入るとD氏のすることはあまり変わらない。しっかりと準備した資料をもとに、手早く説明を行う。そして、その後質問や要望を受ける時間をたっぷりと取る。豊富な商品知識を持っているD氏は、答えられる質問はその場で答えるが、少しでも不明な点のあることはその場で答えず、次回資料にまとめて答えるのである。このように、資料による説明と質問や要望を繰り返しながら互いに条件を詰めていくので、一回の商談時間は短く、訪問回数は増える。こうした訪問回数の多さが、顧客との信頼関係の構築に有効なようだ。
このように書くと、一回あたりの商談は淡々とこなしているように感じられるが、商談の際の雰囲気は明るく、笑い声が絶えない。これはD氏の人柄にもよるが、回数を重ねて商談を行うことによって築き上げられた関係によるところが大きいのだろう。

この四名の営業担当者の行動をどのように分析されただろうか。もし次のような分析にとどまっていたとすれば、解像度の低い分析と言わざるをえない。

(分析例)
こうして四名の行動を見ていると、結構いろいろなやり方をしていることが分かる。やはりその人の個性というものを尊重したほうがよいのだろう。あまり無理にやり方を強制したところで、必ずしも営業成績のアップにつながるわけではない。
ただ、一つ言えることは、四名とも顧客のことをよく考えているということだ。やはり成績を上げようと無理をすると、顧客満足の低下につながる。営業は、顧客満足第一だ。その精神さえ持っていれば、自分の個性を活かした営業スタイルを確立して、それを愚直に推し進めていけばいいんだ。

この例のどこが悪いのだろうか。

それは、四名の行動を表面的にとらえているだけなので、共通点が見えないところにある。その結果、大きく二つの落とし穴にはまってしまっている。

一つは、共通点が見えないから分析しても意味がない、と思ってしまっていることだ。ここでは、「個性を活かせばいい」と結論づけているが、これでは分析の当初の目的である「営業担当者の底上げ」にはまったく役立たない。共通点が見出せない言い訳に役立たない結論を持ってくるという、典型的なパターンだ。

もう一つは、「顧客満足」という言葉でまとめている点である。このような当たり前の結論で満足してしまうと、本来の目的である「対象を見る解像度を上げる」には少しも近づかないまま分析を終えてしまうことになる。仮に顧客満足が重要と考えるなら、顧客満足を高めるためにどのような共通点があるのか、という点を掘り下げなければならない。この点でも、営業担当者の底上げにはとうていつながらないだろう。まさに「決めゼリフで勝負」してしまっているのだ。

こうした分析とならないようにするためには、「バラす→比べる→読み取る」というステップをしっかり踏んでいくことが必要になる。それぞれにどう取り組めばよいかは第4～6章に譲るとして、その前に、仮説思考のもう一つの柱である「仮説」について見ていくことにする。

第3章　仮説とは

仮説とは「現時点でもっとも実現可能性の高い説」

「とにかく何でもいいから君の仮説を聞かせてくれ」

「たぶん、今後大きな変化が出てくるのではないでしょうか。あくまでも仮説ですが」

「いまの君の話はあくまでも仮説だよね。僕が知りたいのは事実なんだ」

「これまでの状況から考えると、……という仮説を導き出すことができます」

「……という仮説から考えると、少なくともあと三人スタッフの増員が必要です」


ビジネスシーンで「仮説」という言葉は、日常的に使われるようになってきた。しかし、それがさまざまな意味で使われているのは、例示の通りだ。事実にとどまらず、自分の意見を表明したものというポジティブな意味で使っている例もあれば、確実とは言えない意見だと暗にほのめかすような、ネガティブな意味での使い方もある。

本書では、第1章で述べた通り、仮説を「精度の高い行動をサポートするためのもの」

ととらえている。精度の高い行動をサポートするということは、より具体的な行動を喚起すると同時に、行動した結果がうまくいく確率の高いものであることが必要だ。そこで、本書では仮説を、「手に入れることのできる情報から導き出された、現時点でもっとも実現する可能性の高い説」と定義する。

このように仮説をとらえると、とりあえず思いつきで出したアイデアやひらめき、ずっと前から持っていた問題意識といったものは、ひとまず仮説からは除外しなければならない。「手に入れることのできる情報から導き出された」「現時点でもっとも実現する可能性の高い」という条件を満たすためには、現時点で手元にあるデータや知識を総動員しなければならないからだ。かといって、単にデータや知識のままの状態では仮説とは呼ばない。行動をサポートするのに役立つ状態になっていないからだ。仮説と言うからには、自分なりの解釈が入って、次にどんな行動をすればよいのかを示唆するものでなければならない。さらに、精度の高い行動を生み出すには、仮説自体も具体的でピントの合ったものが必要となる。このようにとらえると、仮説にも行動と同様に精度の高さが求められる。

精度の高い仮説の条件

では、精度の高い仮説とは、どのような条件を満たせばよいのだろうか。このことに触れる前に、まず精度の高い仮説とは、必ずしも「結果として実際に起きたことと同じになる」というわけではない点に触れておきたい。仮説が実際に起きたことと同じだったかどうかは、精度の高低とはあまり関係はない。もちろん仮説が実際の状況と違っていなかったらそれに越したことはないが、実際の状況と違っていたからといって、仮説そのものや仮説を立てたプロセスに意味がないわけではない。現実と仮説が違っていれば、もう一度仮説を立て直せばよいだけの話だ。また、ある仮説が間違っていると分かれば、その段階で選択肢が一つ消えたことになり、結果的には行動の精度も高まる。仮説を立てることと未来を予想することを混同してしまって、仮説が当たったかどうかで一喜一憂することは本末転倒だ。同様に、間違った仮説を立てることを恐れるあまり、踏み込んだ仮説が立てられない事態も避けなければならない。

こうした点を踏まえて、まずは本書で定義した「仮説」と言えるための必須条件を挙げてみよう。

①根拠がある

根拠のない仮説は「思い込み」にすぎない。仮説に最低限求められるものは、その仮説が妥当と言える根拠である。それが具体的なデータの一部だろうと、直感だろうと、過去の経験だろうとかまわない。こうした根拠がはっきりしなければ、仮説を検証したり進化させることは不可能になる。

②次の行動を喚起できる

仮説を立てる目的は、その仮説をもとに次の判断を下したり、行動に移すためである。つまり、どんなに答えに近いと思われる仮説を立てても、次の行動につながらないようでは、それは仮説を立てた人の趣味の世界となってしまう。

③検証が可能である

仮説はあくまでも「仮の答え」である。完全な答えではないので、改善の余地は残されている。そこで改善のために行うのが検証である。つまり、仮説を立てることとそれを検証することはセットでなければならない。検証できないような仮説は、いくら次の行動を喚起していても、無責任なアジテーションと変わらない。

仮説とは、最低限これら三つの条件を満たしたものである。これらに加えて、より踏み込んだ、精度の高い仮説とするには、次のような条件を満たすことが求められる。

④掘り下げられている

精度の高い仮説とは、精度の高い行動同様、仮説自体も具体的なものでなければならない。そのためにすべきことは、So What?（それってどういうこと?）や Why?（なぜ?）という問いかけへの答えとなるような仮説にまで掘り下げることである。仮説には、裏づけとなる理由があるはずだ。そうした裏づけをぼんやりと包含したような仮説ではなく、裏づけ「だけ」から導けるような仮説が、精度の高い仮説の条件だ。

⑤手順を踏んで導いている

仮説そのものから判断することはできないが、適切な手順を踏んで導かれた仮説かどうかも、仮説の精度に大きくかかわってくる。仮説を導くとき、そこでどのような手順を踏んだかによって、その精度は変わってくる。適切な手順を踏まない仮説は、結果として精度も低いし、その仮説に基づいた行動を実際に取っても成功する確率は低い。

⑥新規性・独自性がある

自分にしか導けないような斬新さや独自性を持った仮説であれば、なお望ましい。誰もが考え出すような仮説に基づいた行動は、どれも同じようなものになってしまう。それなら、わざわざ仮説を導き出さずに、他の人のまねをしていればよいことになる。

ここで注意したいのは、新規性や独自性にばかり気を取られないということである。あまりに新規性や独自性にこだわるあまり他の条件を軽視すると、精度の高い仮説にはならない。たしかに新規性や独自性のある仮説は、見た目にもインパクトがある。しかし、無理をして新規性ばかりを追求すると、裏づけがなかったり検証ができなくても、斬新だからという理由だけで、その仮説がよいと勘違いしてしまう恐れがある。掘り下げていった結果として新規性の高い仮説となったとなればよいが、新規性の高い仮説を追求した結果、他の条件が軽視されてしまうという事態は避けるようにしたい。

精度の低い仮説とは

逆に精度の低い仮説とはどのようなものかも確認しておこう。精度の低い仮説は、検証や行動につながらない、もしくは具体的な行動や検証ポイントが見えてこないものである。

①思いつき

とりあえず自分の思いつきや想像レベルで立てた仮説は、当然のことながら仮説としての精度は低い。ユニークな仮説を無理に追求しても、精度は低くなる。こうした仮説は、裏づけとするものが何か分からないために検証ができない。こうした仮説をいくら作り上げても、行動の精度が高まるどころか、反対にムダな動きが増えるだけだ。

②事実の説明

「思いつき」とは反対に、裏づけで述べられている内容を超えないような仮説も、精度の高い仮説とは言えない。仮説は単に事実から機械的に導き出されるものではなく、自分の考えや見方がある程度反映されるものである。そうした考えや見方が反映されていない仮説では、具体的にどのような行動を取ればよいかが見えてこない。

③ピント外れ

事実に即して行動を喚起するような仮説でも、ピントが外れていたら無意味な行動を喚起するだけである。若年層向け商品の改善策を考えているときに、「中高年層向けにこうしたら売れますよ」という仮説を導いても、本来の目的には何の役にも立たない。

④当たり前

これらのポイントをクリアしても、まだ気をつけなければならないことがある。仮説を導く段階では何かすごいものが出てきそうに感じても、冷静に確認してみると、当たり前のことを威勢よく言っているだけというケースが多々ある。それは、仮説を導くことに集中するあまり、どんな仮説だと意味があるのかを忘れてしまっているからである。

精度の高い仮説を生み出す思考プロセス

では、精度の高い仮説を立てるには、どうすればよいのだろうか。

仮説について書かれた書籍を読むと、仮説を導くポイントとして、次のようなことが書かれている。

「仮説は思いつくもの。定石としてどのように仮説が生まれるかというものはない」

「知識を組み合わせて仮説を生み出す」

「創造的な仮説を生み出すには、常識を疑ったり、発想をやめないことが大事だ」

「よい仮説を導くことができるかどうかは、最後には経験がものを言う」

たしかに、こうした指摘自体は間違いではない。しかし、こうしたポイントをもとに仮説を導こうとしても、具体的にどのように仮説を導いていけばよいのか、果たして自分の導いた仮説は精度が高いのか、は分からない。

そこで、本書では仮説を導くまでのプロセスを図表3―1のように、より丁寧にとらえていくことにする。まず、仮説を導くための手がかりをつかむことから仮説作りは始まる。それは、対象や状況をどのように見るか、ということにほかならない。たとえば、何か新商品を発売しようとする場合、どんな商品かをいろいろな角度から検討するはずだ。そうしたさまざまな角度から見ることが、仮説を導くための手がかりを得るという最初のプロセスになる。

次に、見る角度に応じて比較を行いながら、特異点や異常値など、いつもと違う状況を探る。つまり、目のつけどころを探るのが二番目のプロセスだ。私たちが「おかしい」とか「問題だ」と感じるのは、特異点や異常値に対してである。特異点や異常値は何らかの比較対象がなければ見つけることはできない。何かに目をつけるとき、自分の関心や問題意識に加え、比較することも忘れてならない。

こうして見つけた特異点や異常値に対しては、「なぜだろう？」「具体的にどういうことか？」という疑問が湧く。つまり、問題意識や目のつけどころから、知っておきたいことが浮かんでくるはずだ。その、知りたいことに対する現時点での答えが仮説である。ここで仮説を導く前に、知りたいことはどのような質問から生まれてきたのかを押さえる。これが三番目のプロセスの「問いを立てる」だ。このプロセスを意識しておくと、仮説の精度を一段高めることができる。

図表3-1　仮説思考の全体像

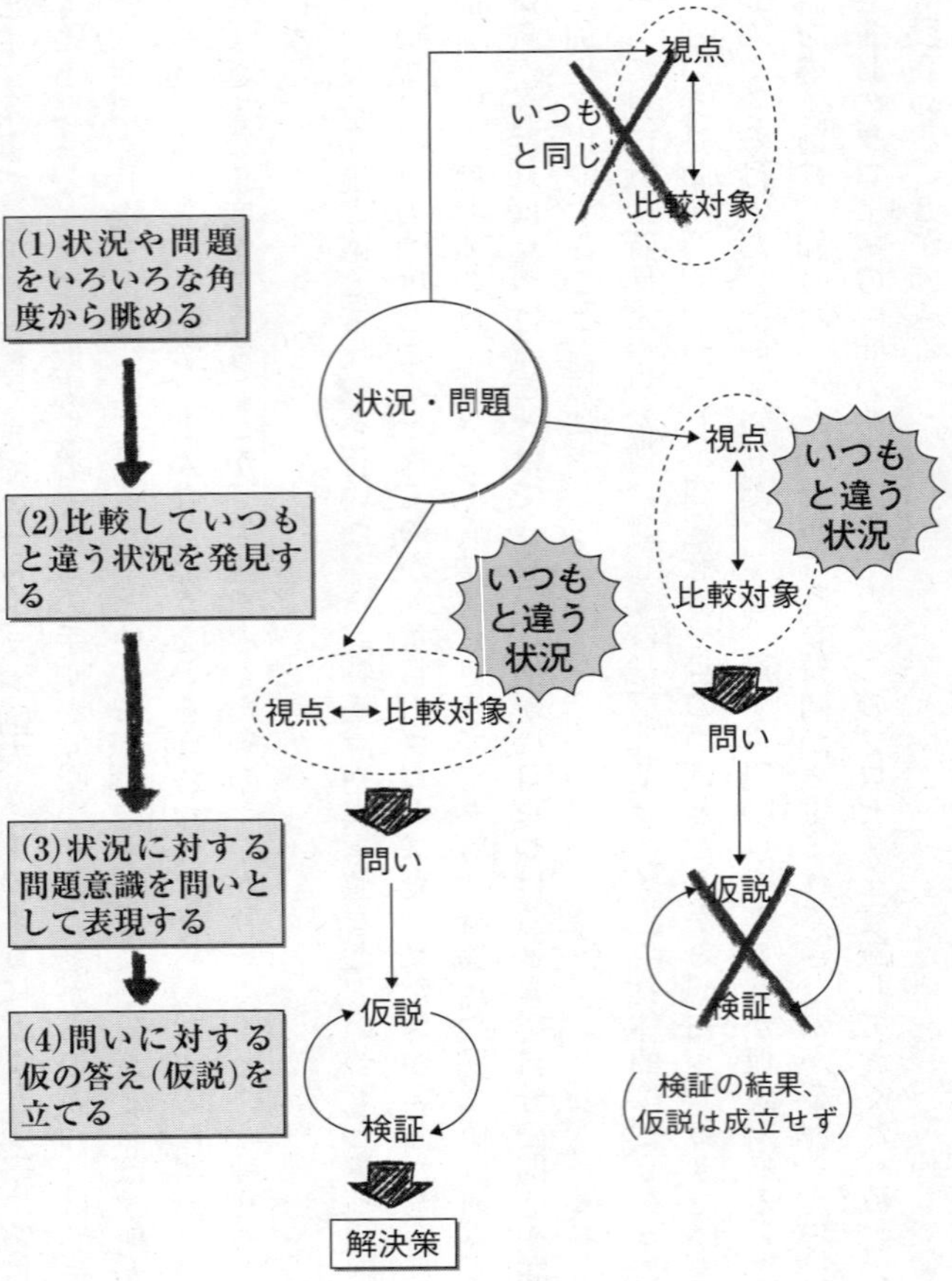

(1)状況や問題をいろいろな角度から眺める
(2)比較していつもと違う状況を発見する
(3)状況に対する問題意識を問いとして表現する
(4)問いに対する仮の答え(仮説)を立てる
状況・問題
視点
いつもと同じ
比較対象
視点
いつもと違う状況
比較対象
問い
仮説
検証
(検証の結果、仮説は成立せず)
いつもと違う状況
視点↔比較対象
問い
仮説
検証
解決策

最後のプロセスは、この問いに答えて仮説を導き出すことである。もちろん、単に問いに対する答えを出せばよいというわけではない。裏づけとなる事実と合わせて、問いの答えを考えていく。

では、検証はどの段階で行うか。それは、仮説を導くための手がかりを入手するところから始まると考えてよいだろう。自分のつかもうとしている手がかりは何か、その手がかりで仮説を導いてもよいか、比較対象は何か、比較したらどのような結果になったか、などに対しては、当然裏づけとなる情報が必要になる。こうした裏づけの入手が検証にほかならない。もちろん、一度導いた仮説に対しても、裏づけが不足している部分はないかをチェックする。これも検証である。

仮説の精度は成果にも影響する

こうした仮説を導いた例として、サントリーの緑茶飲料「伊右衛門」の開発事例を題材に見ていくことにする。

沖中直人氏は、サントリーの無糖茶系飲料開発のプロジェクトリーダーである（当時）。氏は、日本茶の新製品開発にあたって、本格的な日本茶を目指した。まず、開発チームのメンバーと、日本の茶文化発祥の地である京都を旅した。そこでは老舗茶舗の見学だけでなく、座禅体験などを行い、京都の文化やその地に根づく茶の伝統を感じ取った。これとは別に、独自に実施した調査から、緑茶飲料の主要消費者の多くは、急須でいれたお茶を愛飲していることを突き止めた。

加えて、消費者が茶に求めるニーズをインターネットで聞き出した。従来インターネットによる調査は、その匿名性から信頼性に欠けると考えられていたが、沖中氏は「日本人は、対面で自分の思っていることを話すのが苦手。むしろネットのような匿名性が確保された状態のほうが本音を聞き出しやすい」と考えた。調査の質問も、単に求めるお茶について、のようような直接的なニーズではなく、「日本茶を飲んではいけないという法律ができたらどのように感じますか?」など、お茶に対する深層意識を問うような内容にした。

これらの調査結果をもとに、氏は、日本茶に求められているものは「日本人のDNAに刻み込まれた記憶を呼び起こす安心感」であるという仮説を立てた。こうした仮説をもとに、伊右衛門を開発、発売した。その特徴は、「老舗茶舗である京都福寿園との提携」「専用の生産ライン」「竹筒を模したパッケージ」「茶舗の主人をイメージさせるテレビCM」等、調査から導き出した仮説に沿ったものだった。

伊右衛門は、発売直後に品切れを起こし、生産体制を整えてからようやく再発売ができるほどに大きな反響を呼び、発売二年目には売上高一〇〇〇億円を記録する、サントリーの飲料史上に残る大ヒットを記録した。

「伊右衛門」の開発にあたって、沖中氏らは、味や風味、パッケージ、ブランド、成分、

図表3-2　伊右衛門での仮説思考

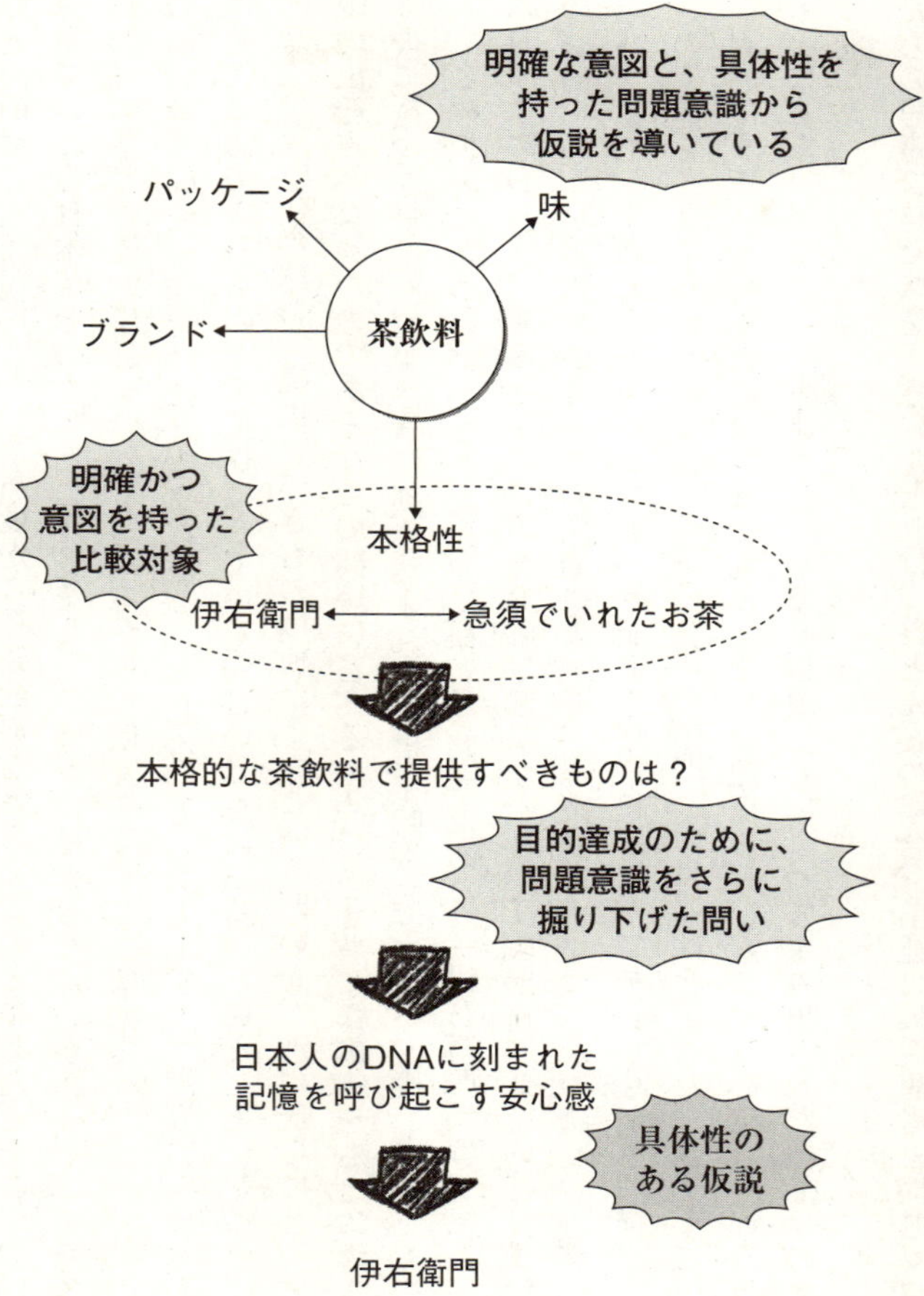
明確な意図と、具体性を
持った問題意識から
仮説を導いている
パッケージ
味
ブランド
茶飲料
明確かつ
意図を持った
比較対象
本格性
伊右衛門
急須でいれたお茶
本格的な茶飲料で提供すべきものは？
目的達成のために、
問題意識をさらに
掘り下げた問い
日本人のDNAに刻まれた
記憶を呼び起こす安心感
具体性の
ある仮説
伊右衛門

効用などの中で、「本格性」という角度から緑茶飲料をとらえることにした。そこで、氏らは急須でいれる日本茶そのものとの比較をした。両者には大きな違いがある。この急須でいれた日本茶との違いに目をつけるところから、仮説を導くことは始まった。

その違いは、成分や味だけにとどまらない。むしろ、もっとも大きな違いは、「日本人が日本茶に求めているもの」を提供できているかという点にある、ということに気づく。ここで、「本格的な茶飲料で提供すべきものは何か？」という問いが、沖中氏らにとっての仮説の出発点となったのである。この問いに答えるためにさまざまな調査をもとに導き出した仮説は、「日本人のDNAに刻み込まれた記憶を呼び起こす安心感」というものだった。この仮説に基づいて生まれたのが「伊右衛門」である。「伊右衛門」は、緑茶が与える日本人のDNAに刻み込まれた記憶を呼び起こすための工夫が施されている。まず、本場の茶舗である京都福寿園との共同開発によって、緑茶のルーツにさかのぼり、竹筒を模したパッケージで過去の弁当とお茶という記憶を呼び起こした。テレビCMも同様だ。創業者の生活をイメージした一連のCMで、「伊右衛門」の世界観を示した。「伊右衛門」という製品はまさに「日本人のDNAに刻み込まれた記憶を呼び起こす安心感」という仮説をもとにした行動によって生まれた、つまり仮説思考によって生み出された製品なのである。

私たちの思考プロセスを丁寧にたどれば、ほとんどの場合、前述の仮説思考と同じプロセスとなる。何らかのポイントに目をつけ、疑問に感じた部分に答えるような仮説を導いている。しかし、個々のプロセスでどの程度突っ込んで考えたかによって、仮説の精度は大きく変わってくることを忘れてはならない。

つまり、前述したプロセスで仮説を導き出したとしても、ただ漫然とプロセスを追っているだけでは精度の高い仮説を導き出すことはできない、ということだ。十分踏み込んで考えられなかった仮説の例として、同じく沖中氏が「伊右衛門」を開発する二年前に手がけた、「熟茶」の事例を見てみることにする。

沖中氏が「熟茶」の開発を担当した当時、サントリーの無糖茶系飲料は、「のほほん茶」「続のほほん茶」といった、巧みなマーケティング戦略で消費者の感性に訴えたものが中心だった。これらの商品の販売実績は悪くなかったが、こうした商品開発に底の浅さを感じていた氏は、本格的な茶飲料を発売したいと考えた。

本格性という観点から国内外のお茶を調査してみて最終的にたどり着いたのは、中国にあるプーアール茶であった。プーアール茶は現在の緑茶のルーツとされている。そこで、商品開発チームのメンバーと中国本土にわたり、その発酵過程や本場のプーアール茶の試飲をするうちに、沖中氏は、これぞ自分の求める本格的な茶だと感じた。そこで、プーアール茶をベースとした茶飲料を開発、二〇〇一年に「熟茶」として発売した。開発にあたっては、特殊な製法をはじめとするさまざまな技術を駆使したことから、会社の期待はいやが上にも高まっていった。
ところが、結果は惨憺たるものだった。売れ行きは控えめに設定した販売目標の半分にも達せず、発売して一年も経たずに販売中止に追い込まれた。熟茶は、サントリー史上もっとも失敗した商品として名を残すことになった。

「熟茶」の開発にあたっては、「伊右衛門」と同様「本格性」という観点で無糖茶系飲料をとらえた。沖中氏は、サントリーの緑茶飲料は、本格的なものとは程遠い「底の浅い」商品と考えた。そこで、本格的な茶飲料を発売するために、「本格的な茶飲料とは何か？」を探ることにした。そこで見つけたのがプーアール茶で、仮説として「素材と味にこだわった本場のプーアール茶」を立て、その仮説に基づいた「熟茶」を発売したのである。

仮説を導いたプロセス自体は、「伊右衛門」のときとほとんど変わりがない。特に、無糖茶系飲料の「本格性」に目をつけたところは、まったく同じだ。しかし、比較対象のとり方、問いの立て方、そして検証が十分考え込まれたものでないと、失敗作を生み出してしまう。たとえば「熟茶」では、茶飲料の本格性を比較する対象が明確になっていない。

沖中氏らが何となくイメージとして持っていた「底の浅さ」だけで、仮説を導きはじめたのではないだろうか。また、サントリーは本格的な茶飲料を提供していないから、「本格的な茶飲料とはどのようなものか？」という問いを立てるのも、自分の持っていた関心を

図表3-3　熟茶での仮説思考

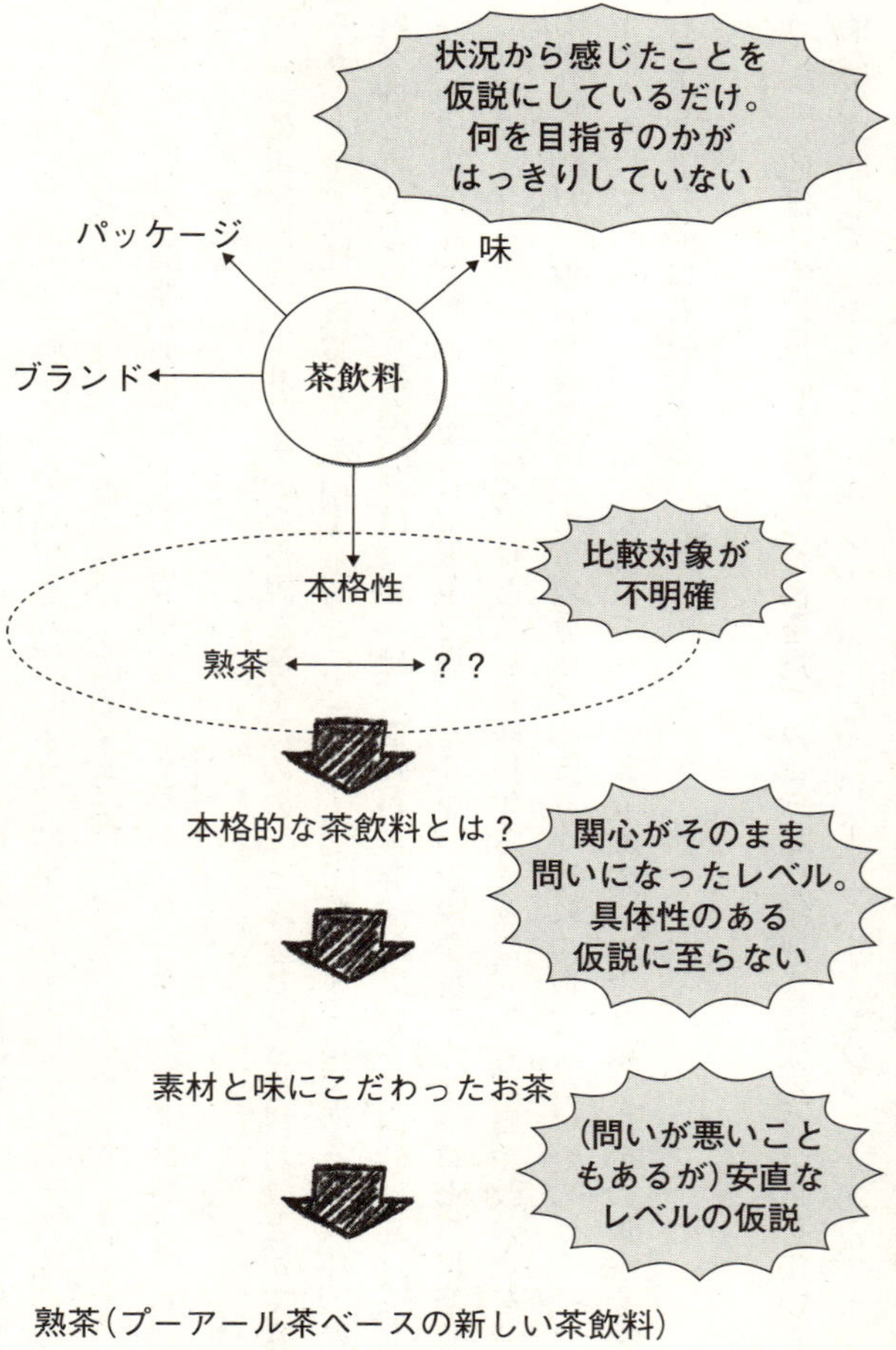
状況から感じたことを
仮説にしているだけ。
何を目指すのかが
はっきりしていない
パッケージ
味
ブランド
茶飲料
比較対象が
不明確
本格性
熟茶
？？
本格的な茶飲料とは？
関心がそのまま
問いになったレベル。
具体性のある
仮説に至らない
素材と味にこだわったお茶
(問いが悪いこと
もあるが)安直な
レベルの仮説
熟茶（プーアール茶ベースの新しい茶飲料）

そのまま問いにしたような、具体性に欠けるものだった。このような問いでは、本格的に見えさえすればどんな茶飲料でも製品化されてしまう。結果として、問いを考える際に顧客という視点が入ることはなく、仮説自体も顧客を見据えないものとなってしまった。「本格的な茶飲料を開発したい」という思いが強すぎるあまり、多面的に茶飲料をとらえられなかったのだろう。

この二つの事例から、より効果的な仮説を導くための、どんなヒントを得ることができるだろうか。まずは、仮説立案の個々のプロセスで丁寧に考えることである。具体的に個々のプロセスをどのように進めればよいかは、これから詳述していく。同時に忘れてならないのが、自分はどのような流れで仮説を導いたかを、仮説を導き出すプロセスに当てはめてみることである。自分の思考プロセスを客観視することは、思考の癖や改善点を発見するのに有効だ。仮説を導く際にも、自分はどのような流れで仮説を導いたのかを振り返る習慣をつけておきたい。本書で紹介している仮説立案のプロセスは、自分の仮説立案の流れを振り返る際に有益である。

もう一つ、店舗運営に仮説を活かした例を見てみよう。店舗運営に仮説を活用している代表的な企業として、セブン‐イレブン・ジャパン（以下セブン‐イレブン）がある。セブン‐イレブンは、ＰＯＳデータを活用して仮説〜検証のサイクルを回していくことでよく知られている。

オフィス街にある同社の店舗で、惣菜のサラダの売り上げを上げたいと考えたことがあった。そこで夜便のサラダの発注量を増やして、お客様が見やすい位置に陳列し、ＰＯＰなどを用いて販促した結果、サラダの売り上げが増加した。この例も、前述の仮説立案のプロセスのポイントをうまく押さえた例ととらえることができる。

オフィス街の店舗でのサラダというと、購入するのはＯＬであり、昼食時のお弁当にもう一品という位置づけで購入しているというのが一般的な見方である。そうすると、購入もお昼時ということになりそうだが、「食べる時間帯」と「購入する時間帯」とに見方を分けて、購入時間帯別の売り上げを調べてみると、出勤時間帯にもわずかながらサラダは売れている。そこで「誰が何のために出勤時間帯にサラダを購入しているのか？」という問いが生まれた。調べてみたところ、ＯＬが出勤前に朝食代わり、もしくは昼食用として混雑を避けて事前に購入していることが分かった。出勤時間帯に購入するサラダは夜便で届くものだから、当然店頭にある数は少ない。もしもっとサラダを店頭に並べ、同時に出勤前の購入を促進させる工夫をすれば、購入量は増えるのではないか、と考えたのだ（図表３-４）。

これを、前述した仮説立案のプロセスで見てみよう。オフィス街でのサラダの見方としては、「購入する人」「時間帯」「価格」「購入目的」などが考えられる。コンビニエンスス

図表3-4　セブン-イレブンでの仮説思考

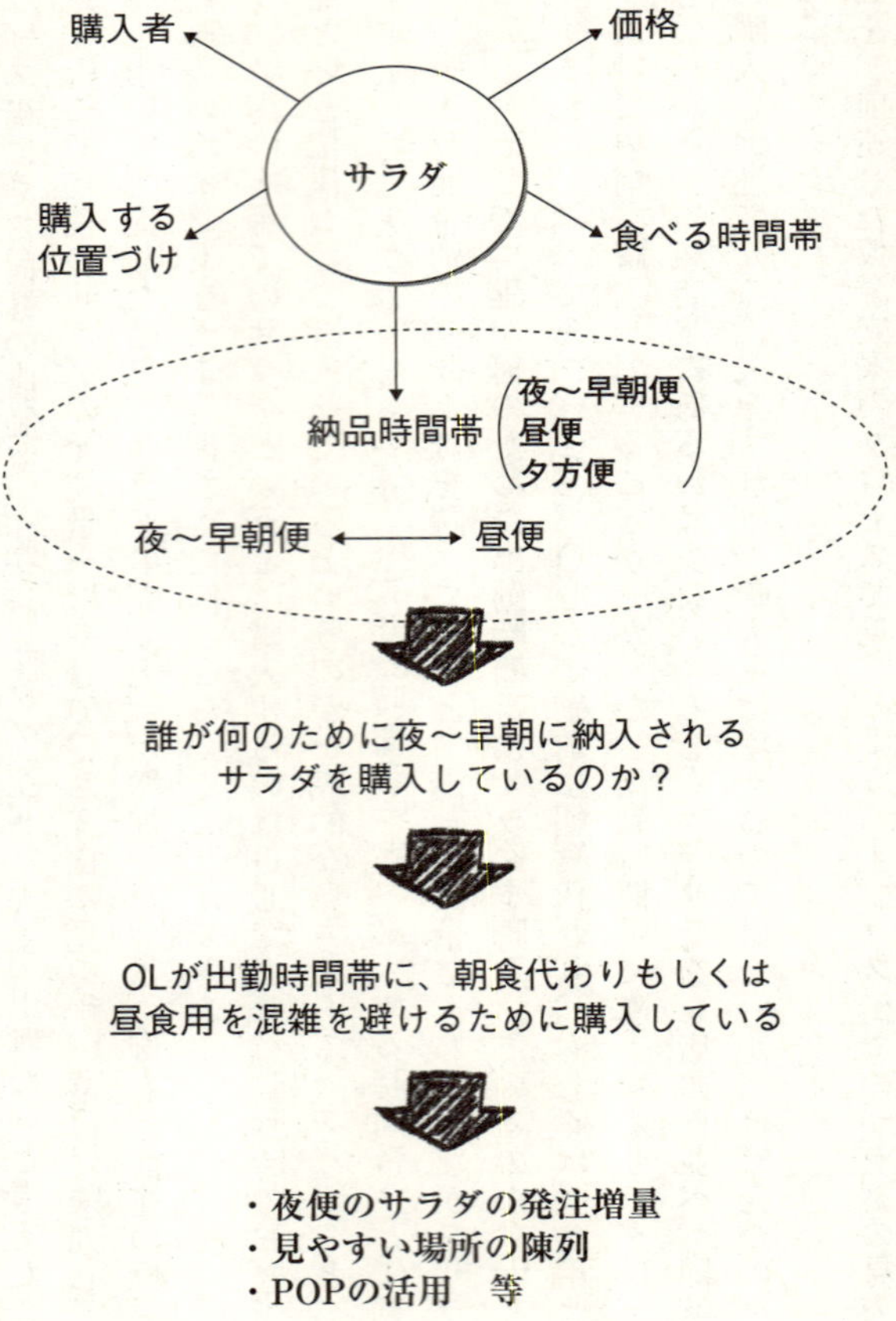
購入者
価格
サラダ
購入する
位置づけ
食べる時間帯
納品時間帯
夜～早朝便
昼便
夕方便
夜～早朝便
昼便
誰が何のために夜～早朝に納入される
サラダを購入しているのか？
OLが出勤時間帯に、朝食代わりもしくは
昼食用を混雑を避けるために購入している
・夜便のサラダの発注増量
・見やすい場所の陳列
・POPの活用　等

トアの特性からすれば、購入と消費の時間帯はほぼ同時と思われそうだが、ここであえて「購入する時間帯」に目をつけた。単純にPOSデータを見れば、昼食時間帯のほうが売れているのだが、発注量との関係を考えると、単に売れている量だけで目をつけるかどうかを判断するのではない。そこで、他の時間帯との比較ではなく、売れているかどうかという観点で状況をとらえることにした。こうして初めて出勤時間帯にもサラダが売れるという事実を発見することができたのである。

となると、なぜその時間帯にも売れるのか、という疑問が生じる。その疑問を表したのが「誰が何のために出勤時間帯にサラダを購入しているのか？」という問いだ。ここで、観察を行うことによって、OLが購入していること、そして朝食代わりに購入したり、昼食用に購入するにしても、混雑を避けて出勤時に買っているという仮説に至ったのだ。

このように、セブン-イレブンの事例でも、目のつけどころ、問い、仮説が連動していることがお分かりいただけるだろう。

仮説立案のプロセスの中で、忘れてならないのが「検証」である。この事例にもあるように、どこに目をつけるか、どんな仮説を導くかを考える際に、必ずと言ってよいほど、さまざまな調査が行われている。POSデータをもとにサラダの売り上げを時間帯別で見ることで初めてこの仮説が生まれた。もちろんPOSデータだけではない。購入客を観察して、誰がどのような目的で購入しているのかを突き止めようとした結果である。こうした検証が、仮説の精度を高めるのに一役買っているのだ。

さらに注目したいのは、検証の際、単にデータを確認すれば仮説を導き出せるわけではない、ということだ。サラダの販売量だけを見れば、誰も出勤時間帯のサラダの販売を気にかけることはしない。しかし、発注量に違いがあるのに単純に販売数量で比較することに意味はないとデータが持つ意味を読み取って、出勤時間帯に目をつけている。

このように、仮説を導く際には、もちろんPOSデータのようにリアルタイムで精度の高い情報が得られるというハード的な面が重要なのは事実だが、それ以上にこうした情報を使いこなすための問題意識や目のつけどころの的確さが求められるのである。

第2部　分析の思考技術

第2部では、分析を行うときに必要になる思考技術を、「データをバラす」「データを比べる」「データから意味を読み取る」という三つのステップで解説していく。解説の際には、第2章で紹介した演習も使って、具体的によい例やあまり適切な分析をしていない例を紹介する。再度四六―五〇ページの演習を参照の上、分析のアプローチの仕方を考えた上で読んでいただきたい。

第4章　データをバラす——データをバラして、使い道を広げる

分析の第一歩は、データをバラすことである。まとまったデータのままでは、分析をしようにも解像度は上がらない。ある企業の売上不振の原因を分析する場合に、その企業の売り上げをいくらにらんでいても、原因が浮かび上がってくるわけではない。製品別や地域別、さらには単価と数量などにバラすと、原因らしきものが少し浮かんでくる。部下の成績が上がらないときも、部下のことをいくら仔細に眺めていても何も見えてこない。成績を持っているスキルや担当業務の内容、時間配分の仕方などの要素にバラさなければ、成績不振の原因は見えてこないのである。

分析におけるデータのバラし方には大きく二通りある。一つは、データを切り分けながらバラしていく方法であり、もう一つは、あるデータの持つ特徴の単位でバラしていくという方法だ。

その際のカギとなる考え方として、「ＭＥＣＥ」が挙げられる。まずは、ＭＥＣＥとい

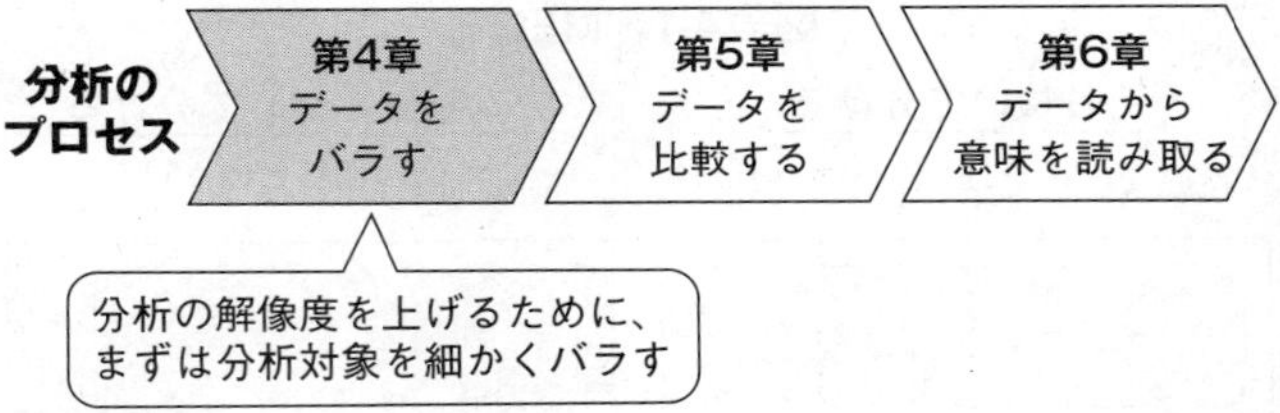
分析のプロセス
第4章
データをバラす
第5章
データを比較する
第6章
データから意味を読み取る
分析の解像度を上げるために、
まずは分析対象を細かくバラす

う考え方について概観してから、データをバラす際のポイントを見ていくことにしよう。

データをバラす基本はMECE

データをバラす際に注意しなければならないのは、漏れなくダブりなく行うことだ。仮に、漏れやダブりがあったとしたら、それは全体を反映しているとは言えないからである。この漏れなくダブりなくという考え方を、「ＭＥＣＥ」と言う。ＭＥＣＥとは、Mutually Exclusive, Collectively Exhaustive（相互に排他的で、合わせると網羅的）の頭文字を取ったもので、経営コンサルティング会社のマッキンゼー社が社内用語として使っていたものである。

　データをバラしたときに漏れがあるということは、すべての分析対象が含まれていないことを意味する。もし、漏れのある中に重要な分析対象が入っていたとすれば、その分析は役に立たないものになってしまう。ダブりがある場合も同様だ。同じものが何度も出てくるので、何度も目にするものが重要なものだと誤解し

図表4-1　MECE

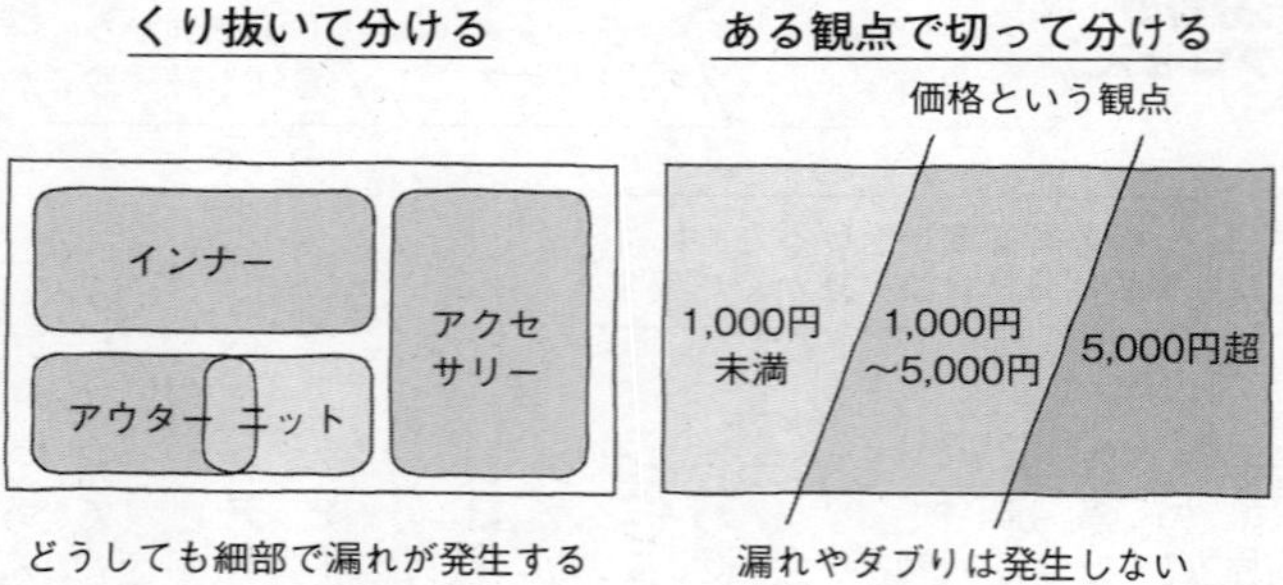
くり抜いて分ける
インナー
アクセサリー
アウター
ニット
どうしても細部で漏れが発生する
ある観点で切って分ける
価格という観点
1,000円未満
1,000円〜5,000円
5,000円超
漏れやダブりは発生しない

てしまう恐れがある。つまり、分析対象が歪んで見えてしまうことになるのだ。

MECEを実現する際のポイントは、考えられる要素を列挙してくり抜いていくのではなく、一定の観点で分けるように全体を切っていくことである。くり抜きながら分けようとすると、どうしても漏れが発生したりダブりが生じる恐れがある。一方、ある観点で切っていけば、切り方さえ的確なら漏れやダブりが生じることはない。

アパレルチェーンの売り上げをMECEに分ける場面で考えてみよう。「インナー」「アウター」「ニット」「アクセサリー」などと思いついた要素でくり抜いていくと、「ボトムスに入るものがない」（漏れがある）、「ニット製のアウターはどこに入るのか」（ダブりがある）など、漏れやダブりが生じる可能性がある。一方、一〇〇〇円未満、一〇〇〇円〜五〇〇〇円、五〇〇〇円超の商品というように、商品価格帯という一定の観

図表4-2　ある学習塾の模擬試験に関するデータ

生徒	性別	入塾時期	通学時間（自宅～塾：分）	部活動の有無	欠席回数（4月～6月）	得点
荒川	女	2007年10月	30	有	0	60
岩井	女	2007年 4月	90	無	1	65
北野	男	2008年 1月	40	無	2	55
久保	男	2008年 4月	40	有	0	80
須藤	女	2008年 4月	45	無	0	75
瀬川	女	2007年 4月	15	無	0	90
手塚	男	2007年 4月	30	有	2	70
戸田	女	2008年 2月	30	有	1	65
中村	男	2007年 4月	40	無	1	60
野村	男	2007年 4月	45	有	0	65
浜口	男	2007年10月	70	無	3	40
平田	女	2007年 4月	20	有	1	55
南	女	2007年 4月	30	有	5	45
村井	女	2008年 1月	60	無	2	50

点で切るように分ければ、漏れやダブりは生じない（図表4-1）。このように、一定の観点でデータを切り分けていくことが、MECEを実現するカギである。この「一定の観点」を本書では「切り口」と呼ぶ。

定量データをMECEに切り分ける

定量データは、全体をMECEな切り口で分けたものが、データをバラした状態と言える。たとえば、企業の売上高は、「提供商品」「地域」「単価×数量」という単位でデータに切り分けられる。こうしてデータをある単位ごとに切り分けておけば、比較もしやすくなる。

統計的なデータをバラすと聞くと、個別のデータのレベルまでバラすのだと考

図表4-3　データを切り口でバラしたもの

性別	男	61.7
	女	63.1
入塾時期	2007年4月	64.3
	2007年10月以降	60.7
通学時間（自宅〜塾）	30分以内	64.2
	30分超	61.3
部活動の有無	有	62.9
	無	62.1
欠席回数（4月〜6月）	0回	74.0
	1回	61.3
	2回以上	52.0

える方がいるかもしれない。しかし、それでは比較の際にうまくデータを活用できない。データに意味を持たせるためにも、何らかの切り口で切り分けておくことが必要になる。

MECEでデータをバラした姿のもっとも一般的なものが、集計表だ。ここで具体例をもとにデータをMECEにバラしたものを見てみよう。図表4－2のデータは、ある学習塾に通う生徒の、英語の模擬試験の結果をまとめたものだ。

ここでは、性別、入塾時期、通学時間、部活動の有無といった切り口が活用できる。これをもとに集計してみると、生徒の得点データをバラした姿となる（図表4－3）。

このような形でバラしておけば、他のデータ、たとえば他の講師のデータや時系列での変化、他の学習塾も含めた平均点などと比較していくことも可能になる。

もちろん、個々の生徒単位のデータ、さらにはそれぞれの試験の結果のレベルまでバラすこともできるが、それによって見えてくるのは個人の成績の良し悪しでしかない。生徒全体の傾向、そして講師の指導の問題は、何らかの属性という切り口で集計したほうがよりはっきりと把握できることがお分かりいただけるだろう。

定性データは「特性」でバラす

一方、定性データをバラすにはどんなことに注目すればよいだろうか。観察メモなど、文章化されたデータには、さまざまな内容が混在していることが多い。そのため、定量データの場合と異なり、個々のデータを切り分けることができない。こうした場合は、データの持つ特徴を洗い出し、それを列挙していくことになる。その特徴を本書では「特性」と呼ぶ。

特性とは、ある対象を説明するための要素だ。たとえば、あなたは、知らない人に自分自身をどのように説明するだろうか。「身長一七五センチメートル、体重八〇キログラム、髪は短く、最近体重の増加が気になりだした三八歳の営業マンです」とか、「マイホーム資金のために財テクをしています」など、身長・体重といった外見的なものから、性格・趣味などの内面的な要素、年収・住所・家族構成・職業などの属性的な要素、さらに有している知識・スキル・資格等の能力的なものなど、さまざまな要素をもとに表現するだろ

図表4-4　特性をとらえる

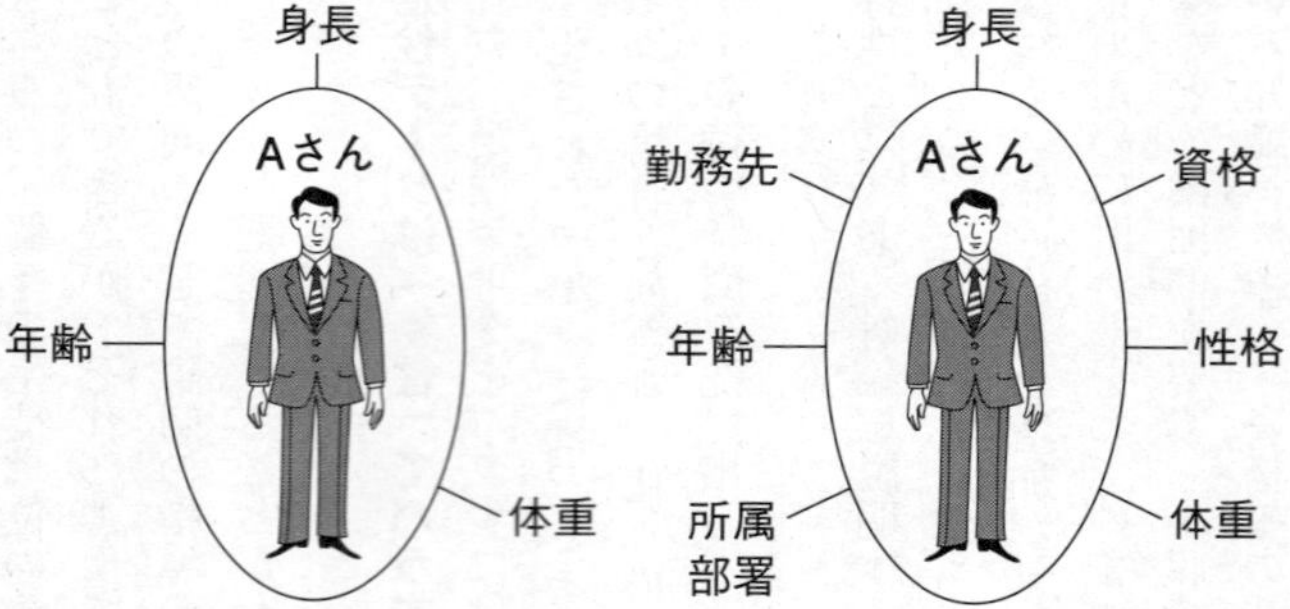

Aさんは30歳で身長170cm、体重60kgの人です
→漠然としかAさんを理解できない

Aさんは30歳で身長170cm、体重60kgで温厚な性格の、〇〇商事の人事に勤める……
→Aさんの具体像が明らかになっていく

う。このように、あるデータはさまざまな特性から構成されている。特性でデータをバラすということは、データにある要素を特性別に分けていくことである。

分析の解像度を高めたいなら、「特性」をできるだけ細かく区分する必要がある。たとえば、Aさんという人を説明するときに、「三〇歳で身長一七〇センチメートル、体重六〇キログラムの人」といったように、年齢と身長と体重だけでは、漠然とした理解にとどまってしまう。それに対して、「Aさんは三〇歳、身長一七〇センチメートル、体重六〇キログラムで温厚な性格の、〇〇商事の人事に勤める……」というように、属性的な特性や能力・資質的な特性が追加されていけば、Aさんがどのような人なのかをより鮮明に理解することができる（図表4-4）。

したがって、事実やデータを見る際、そのデータはどのような特性を持っているかに注意することは、データをより正確に理解するために重要となる。

分析対象の特性が漏れなく洗い出されているかという点で、MECEという考え方が必要になってくる。自分の特徴が、「外見」「性格」「職業」「プライベート」といった要素でMECEとなっているか、という点をチェックすることは欠かせない。

それでは、具体例をもとに、実際に特性によるデータのバラし方を見てみよう。

あるホテルで次のようなコメントを宿泊客から入手したとしたら、どのような特性が挙げられるだろうか？

> お部屋はとても素敵でした。ただ、予約が面倒で、次も利用するかどうかは迷っています。予約の電話はつながらないし、ネットでの予約のやり方も要領がよく分かりませんでした。
> 旅行代理店のサイトを見てみると、同じ部屋タイプで相当安くなっているプランがありました。正規の価格自体、それほど高いとは感じていなかったのですが、旅行代理店が提供している安いプランを見てしまうと、正規価格で予約するのがばからしくなります。
> チェック・インやチェック・アウトはスムーズで、対応も非常によかったと思います。ただ、周囲の飲食店について質問したら、たらい回しにされた上に、自分でも知っているよう

な店しか紹介されなかったのでがっかりしました。自分の知らない店を紹介してくれたらうれしかったのに。

お部屋は広くて、使い勝手もよかったです。ベッドも大きなサイズで、バスルームも清潔でした。ただ、アメニティはたいしたことがなかったかな。

館内のお店やレストランには入りませんでした。いかにも高そうな雰囲気だったので。でも、ああいうところで食事をしたり買い物するのも、贅沢でいいかもしれませんね。

評判のよいホテルだったので泊まってみましたが、また泊まってみたいと思います。でも、安いプランを代理店経由で申し込むと思います。


このコメントをそのままの状態で、ホテルに対する印象の分析に活用するのは難しい。話の内容があちこちに飛んでいる上、重複も見られるからだ。定性データでは、このような状態から分析しなければならないことが多い。そこで、コメントに挙げられた内容をバラさなければならない。そのときに、単にコメントをブッ切りにして箇条書きにすればよいわけではない。特性に基づいて丁寧にバラすことが重要だ。このコメントからは、たとえば、次のような特性を挙げることができるだろう。

電話予約のしやすさ……電話がつながらない

ネットでの予約のしやすさ……しにくい
代理店経由での予約のしやすさ……しやすい
価格に対する印象……妥当
プランによる価格帯の違い……違和感あり
チェック・イン／チェック・アウトの対応……適切
質問への対応……悪い
部屋のサイズ……広い
部屋の使い勝手……使いやすい
ベッドの大きさ……大きい
バスルーム……清潔
アメニティ……いまいち
館内の店舗……高そうな雰囲気

特性に基づいてデータをバラすと、データのスペック一覧のようなものができる。このようにデータを特性でバラしておけば、比較の段階では必要と思われる特性だけを抽出して他のデータと比較していけばよい。特に部屋などの宿泊施設の環境にしぼって競合ホテルと比較したければ、「部屋のサイズ」「部屋の使い勝手」「ベッドの大きさ」「バスルーム」

「アメニティ」などの特性だけを抜き出せばよいのだ。

丁寧にバラしていないデータは使えない

データをバラすことは、程度の差こそあれ誰でも分析の際には必ずしている。にもかかわらず分析の解像度が高まらないのは、バラし方が丁寧ではないからだ。では、丁寧でないバラし方とはどのようなものなのか、第2章で紹介した演習を題材にして見てみよう。

①手元にあるデータを箇条書きにする

まず、データをバラすときにありがちなのが、次のようなパターンだ。

［バラした例1］

せっかく個々の営業マンのメモがあるのだから、これを洗い出してみよう。まずは、A氏からだ。

・X社の営業マンの中でも特に担当顧客が多い
・担当顧客への訪問回数は多い。商談あたりの面談時間も長い
・商談の場につくと、まずは世間話から話を切り出す
・話題は政治経済からスポーツ関連、ワイドショー関連まで
・冗談も交えて打ち解ける

・知らず知らずのうちに本題
・商談のための資料は事前に準備しておらず、いつ本題に入ったのか分からない
・商品知識はそれほど豊富でもない
・自らすすんで商品の説明や提案をするというよりは、顧客の話を聞きながら必要に応じて商品説明の時間をはさむ、というスタイル
・顧客からの質問に答えられないケースも多い。その場合は次回の商談の際にあらためて説明する
・質問内容に答えられる人物を同行させる
・顧客との距離を縮め、信頼関係を築いている

これでようやく一人目が終わった。残り三名か。頑張ろう。

この例はデータをバラすというより、データに書かれていることを箇条書きにしたにすぎない。そのため、とうていバラしたとは言えないレベルのもの（商談のための資料は事前に準備しておらず、いつ本題に入ったのか分からないものの（「知らず知らずのうちに本題」と「いつ本題に入ったのか分からない」）や、データとして重複しているものが見られる。

これでは、比較をしてもほとんど役に立たないだろう。

この例で一番の問題は、手元にデータありきのバラし方のため、どんな特性でバラした

のかが明確になっていないことだ。そのため、「成功する営業担当者」を分析するのに必要な要素がMECEに洗い出されたかのチェックができない。つまり、何が欠けているのか、どんな重複があるのかの確認ができないのだ。仮に追加で情報を入手する機会があっても、このようなバラし方では、何が不足しているのかすら判断できないだろう。

私たちが入手したデータには、常に偏りや抜け、漏れがあるという想定で見ていかなければならない。まずは、分析に必要な特性を考え、その特性に該当するデータはないかを見ながらデータをバラしていくことが必要になる。

②大雑把にバラす

もう一つ陥りがちなのは、大雑把にバラしてしまうことだ。その具体的な例として、演習でバラした例を見てみよう。

［バラした例2］

営業活動での成功パターンを見たいのだから、ここは営業のプロセスをもとにそれぞれの行動をバラしておけばよいだろう。となると、「事前準備」「オープニング」「本題」「クロージング」くらいだろうか。もちろん、同じような営業プロセスを踏んでも、人によって差の生じることはある。ということは、加えてその人の性格や得意なスキルなども挙げておけば十分だろう（図表4－5）。

図表4-5　バラした例2

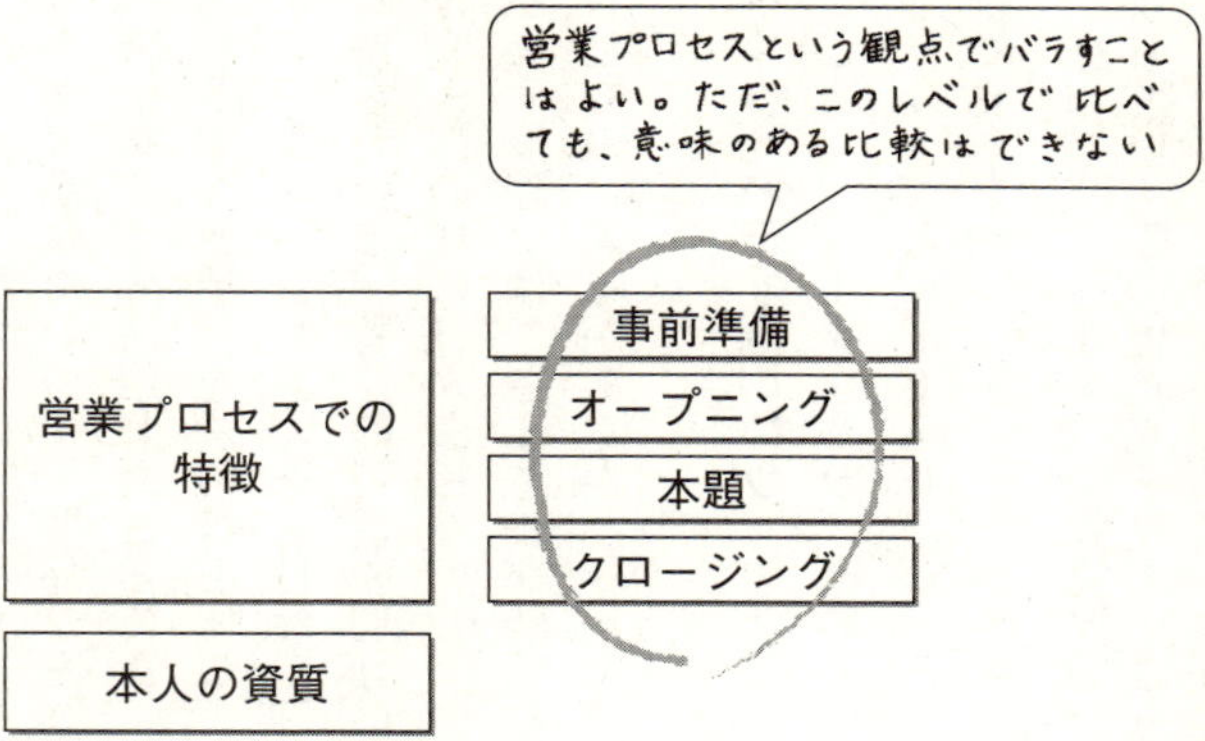
営業プロセスという観点でバラすことはよい。ただ、このレベルで比べても、意味のある比較はできない
営業プロセスでの特徴
本人の資質
事前準備
オープニング
本題
クロージング

たしかに高い業績を上げている営業マンの行動を把握するのに、営業プロセスという観点は有効だ。しかし、例のように四つのプロセスで四名の行動をバラすのは、あまりにも粗いバラし方である。仮に事前準備で比較したとしても、さまざまな要素がその中に入り、比較して特徴的な点を見つけるのは難しくなる。たとえば、事前準備では「何を」「どの程度」準備するのか、という点で特徴が異なるかもしれない。オープニングでも「話の内容」「本題への切り出し方」などで特徴が見られるだろう。こうした細部を比較できる状態にすることが、バラす段階では求められている。

この例のように大雑把にバラしてしまうと、比較の際に共通点以外が見えにくくなる。また、手元にあるデータに、どんな特性が欠けているのかも見えにくい。したがって、データがあるにもかかわらず「特になし」という項目が多くなる。それぞれ特性に入るデータがあるかどうかが分からないので、関係がありそうでも「特になし」としてしまうのである。これではデータを十分活用したことにならない。

③バラすべき項目を決め打ちする

丁寧でないバラし方の三点目は、「この特性は分析に関係ない」「この切り口で分けても意味がない」と、特定の特性や切り口を切り捨ててしまうことである。このような切り捨ては先入観の塊にほかならない。

バラす段階では、さまざまな特性や切り口でバラしておくことが重要になる。それらバラしたものに意味があるかどうかを判断するのは、読み取る段階でよい。

データをバラす際のコツ

ここまで、データをバラす際の基本的な考え方としてMECEがあること、そして特に定量データではMECEにデータを切り分けること、定性データでは特性をもとにデータの持つ要素を洗い出すこと、がカギであることを見てきた。そして、解像度の高い分析には、データを丁寧にバラすことが欠かせないことも見てきた。次には、こうしたデータをバラしていく際の留意点を見ていこう。

データをバラす目的は、データの比較をしやすくすることにある。したがって、データの比較をしやすいか、比較して意味ある結果が出てくるかという基準を持ってバラすことが大前提になる。そうした大前提を踏まえて、実際にデータをバラした例を見ていきたい。

［バラした例3］

営業活動での成功パターンを見たいのだから、まずは営業をプロセスでとらえてみよう。すると、「事前準備」「オープニング」「本題」「クロージング」となる。これらをもう少し丁寧に見ていこう。

まずは顧客のことを事前に調べているか、という点がある。それと資料を事前に作成しているか、という点も大きいだろう。次にオープニングだが、話の内容やどの程度の時間をオープニングにかけているかなども見ておいたほうがよいだろう。

続いて本題だ。本題は自分が話をする時間と顧客の話を聞いたり質問を受けたりする時間に大きく分かれる。その比率がどの程度なのか、ということは見ておきたい。それと、質問があった場合にどうするのかも重要だ。クロージングは、次回へどのようなつなぎをしているのかを見ておく必要がありそうだ。

こうした営業プロセス以外にも、営業マン本人の資質的なものを比較しておく必要がありそうだ。どのような雰囲気で商談に臨んでいるかが考えられる。また、スキルは商品知識とプレゼン能力に大別できる。それらを比較してみるとよさそうだ。

最後に、高い業績を上げる要因とは直接関係ないが、実際の商談時間や顧客数、訪問件数などもチェックしておく必要がありそうだ（図表4-6）。

図表4-6　バラした例3

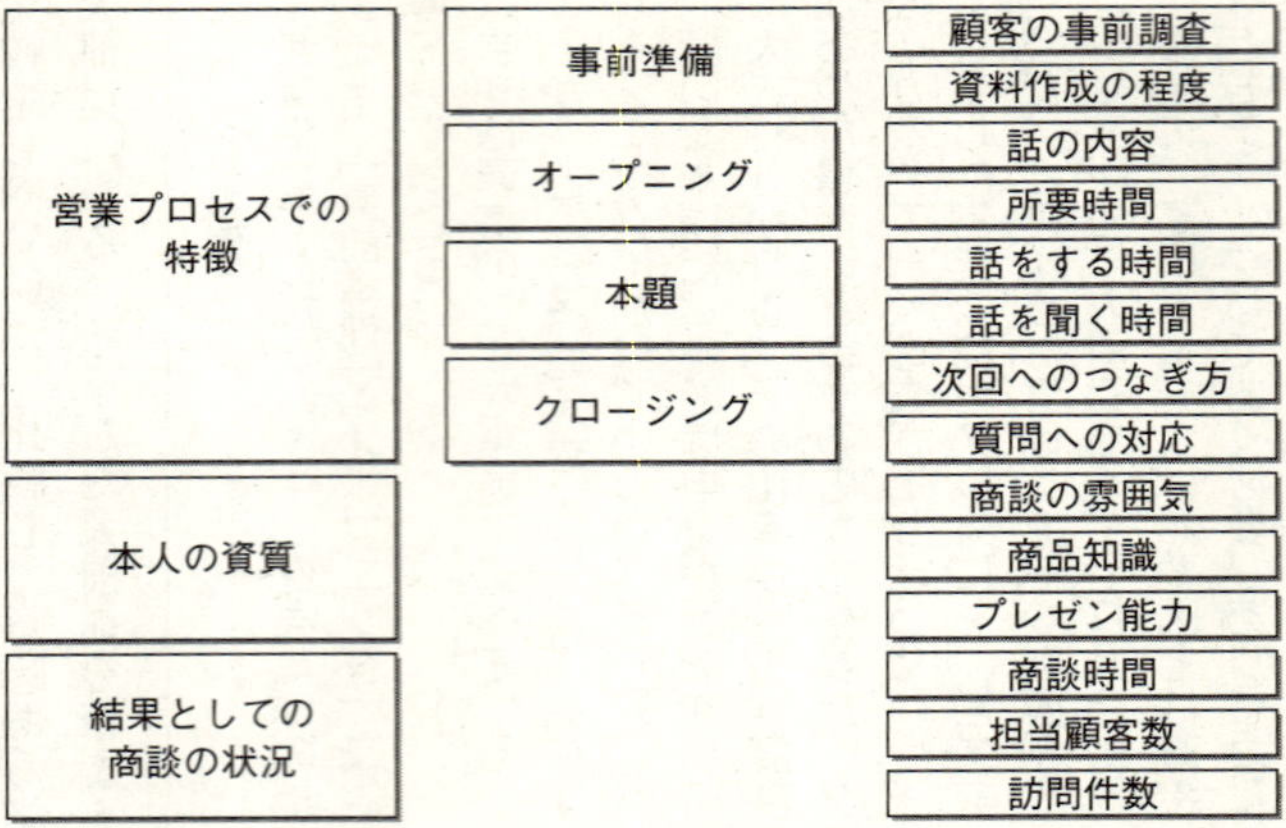
営業プロセスでの特徴
本人の資質
結果としての商談の状況
事前準備
オープニング
本題
クロージング
顧客の事前調査
資料作成の程度
話の内容
所要時間
話をする時間
話を聞く時間
次回へのつなぎ方
質問への対応
商談の雰囲気
商品知識
プレゼン能力
商談時間
担当顧客数
訪問件数

ここまで丁寧に洗い出せれば、比較する際の一問一答になりやすい。また、高い業績を上げる要因と直接関連するかどうかは別にして、押さえておくべきポイントも挙げている。もちろん、実際のデータから入手できないものもあることが想定されるが、まずバラすという点ではこの程度までは念頭に置いておきたい。

この例のように、データをバラすコツをまとめてみよう。

①まずデータの全体像をとらえる

一つ目のコツは、いきなり手元にあるデータを見ながらバラすのではなく、まず対象はどのような要素からなっているかを大きく俯瞰してみることだ。つまり、データの特性として考えられるものの全体像を最初にとらえることである。例3のように、業績を上げる営業マンの特性として考えられるものを、データの有無にかかわらず挙げてみよう。こうして必要と思われる要素を挙げておけば、大きな部分での特性のとらえ漏れはなくすことができる。

また、丁寧に特性を挙げたい箇所をしぼることもできる。「営業での成功活動」という点から細かく特性を考え出すよりも、「事前準備」という要素から特性を考え出すほうがイメージしやすいだろう。

②バラし方にメリハリをつける

データをバラすと言っても、すべての特性を細かく洗い出すことは難しい。現実にはすべての特性をバラすのではなく、ある程度バラすとよさそうな箇所の「あたり」をつけて、そこを丁寧にバラしていくようなやり方になる。

特性レベルでバラすと言っても、その特性自体、さまざまなレベルがある。例2のように、営業プロセスの特性として、「事前準備」という特性のレベルにくくっておくこともできるし、例3のように「事前の資料作成の有無」と細かくすることもできる。さらに細かく、「事前に作成する資料の量」という特性を挙げることも可能だ。どのとらえ方も、ある意味では正しい。要は、特性をとらえるレベルが違うということなのだ。

では、どのレベルまでバラせばよいか。一般論で言えば、極力細かくとなるだろうが、あまり細かく特性を挙げても、該当する細かさのデータがなければ意味がない。

そこで重要になってくるのが、特性をとらえるメリハリである。すべての特性を細かいレベルまで分けるのは非効率的だ。しかし、前述のように大雑把なくくり方ばかりしても分析では使えない。自分で「ここは丁寧に特性を洗い出したい」と思う部分や、データが豊富にある部分は細かく特性を洗い出し、それ以外はある程度の細かさで抑えておくことが重要だ。演習の例で言えば、営業プロセスに関する特性はできるだけ細かく見て、それ以外は全体を網羅するように見る。このようなメリハリがつけられれば、漏れなく重要な部分を掘り下げた分析につながる。

③一問一答となるようなレベルまでバラす

丁寧にバラす部分については、「一問一答」のレベルとなっているか、という観点からチェックするとよい。比較したときにデータの中身によって問う内容が大きくぶれるようでは、丁寧にバラしたとは言えない。演習を振り返ってみよう。

たしかに営業プロセスでの特徴という要素は、好業績を上げる営業マンの特性として適切だ。しかし、四つの営業プロセスのレベルでのバラし方では、営業マンの行動を一問一答で表すのは不可能である（図表4−7）。つまり、答えがぶれるおそれがあるのだ。

ここは、例3のように、四つの営業プロセスをさらに細分化すれば、一問一答に近いレベルになっていく。たとえば、単に「事前準備」という特性でデータをくくっただけでは、「どの程度資料を準備したか？」「資料は持参しているか？」などの質問には答えられない。

図表4-7　大雑把なバラし方では、一問一答にならない

資料準備の有無や同行者のデータが混在している

	A氏	B氏	C氏	D氏
事前準備	資料は事前に準備しない。質問内容に答えられる人を同行させる	顧客の状況を押さえた資料を準備	前回までの商談の内容をメールで送信	しっかりと事前に資料を準備
オープニング	世間話的なところから切り出す。その話題は幅広い	顧客企業の状況についてヒアリング	前回の商談内容の確認	多種多様な切り出し方。その場の雰囲気で決定

切り出し方やテーマなどが混在

しかし、丁寧に特性を洗い出して「資料持参」というところまで分けておけば、すべて「資料は持参しているか？」という問いに対する答えを得ることができるのである。

④先入観を持たずにバラす

データをバラす際、最初から意味のあるバラし方をしようと無理はしないほうがよい。実は、これは、細分化するときに重要な考え方でもある。なぜなら、細分化とは、全体に対して光の当てる範囲を限定することにほかならないからだ。

範囲の取り方を変えながら物体に光を当てると、物体はさまざまな見え方をする。そうした見え方の違いが、分析の解像度を高める重要なポイントとなるのである。

同時に、関係がなさそうだからという理由で特性を切り捨てることも慎みたい。分析の目的から一見関係がなさそうに見える特性でも、その特性が実は分析の肝となることがよくある。演習でも、結果としての商談の状況だけからは、好業績を上げる営業マンの要因は見えてこない。しかし、一回あたりの商談時間の違いと営業プロセスでしていることの違いを見れば、好業績を上げる営業マンの特徴が浮き出てくるかもしれない。

バラすことはデータに対する感度を高めること

以上、分析の第一歩として、データをバラす際のポイントについて見てきた。このように、データをバラすということは、見方を変えれば、データに対する感度を高めることでもある。データにはさまざまな情報が含まれている。しかし、何気なくデータを見ている、つまり十分な感度のないままデータを見ていては、そうした情報の一部にしか気づくことはないだろう。そこで、データにどんな情報が含まれているのかをチェックするために、丁寧にデータをバラす必要がある。データをバラすという作業を通じて、データに対する感度が高まり、分析の解像度をより高めることができるのである。

実際には、常にどのデータも極限までバラせばそれでよいというわけでもない。場合によっては、比較しやすいようにいったんバラしたデータを再度まとめることもしなければならない。つまり、データをバラし、バラしたデータをまとめるという作業をくり返すのだ。

このように言うと、いったんバラバラにしたものをあらためて組み直すのは非効率だ、あえて細かくバラす必要はないのではないか、と考える向きもあるだろう。しかし、いったんバラしてから組み直すことには大きなメリットがある。一つには、新たな視点からの比較が可能になることである。ホテルのサービスの例のように、単に個々の特性を見るだけではなかなか特徴が見えてこない場合でも、丁寧にバラしていくことによって、たとえば提供するサービスのバラツキに見たような意外な共通点があるかもしれない。

また、データによって欠けている特性がはっきりするので、データをまとめる際にも欠けていることを自覚してその後の比較に移ることができる。特に一対一の対応がしにくい定性データを比較するときなど、データがなかったからなのか、それとも単に比較の仕方が悪かったからなのかが分かる。もし前者なら、データ収集が必要ということであり、後者であればデータをバラし直さなければならない。これによって、次の行動へ移るときのムダや見当外れのアクションを防止することができるのだ。

データをバラすことは、解像度の高い分析を実現するための第一歩である。最初の一歩によって、続く「データを比べる」「データを読み取る」は大きな影響を受ける。丁寧にバラし、できるだけ情報を引き出せるような準備をしたいものだ。

第5章　データを比較する——データは比べて初めて意味を持つ

データをバラしたら、次はバラしたデータを比較する。データは、そのものだけでは何ら意味を見出すことはできない。比較して初めて意味を持つようになる。たとえば、ある企業（A社としよう）の売上成長率が七％だったとしよう。これを見て、どんなことが言えるだろうか。もしこの数値だけを見て「成長している」「A社は好調だ」と言うのなら、なぜそのように考えたのだろうか。それは、おそらく無意識のうちに何かと比較しているからだ。比較対象は自分の会社や事業、もしくは上場企業の平均、さらには、日本のGDP成長率かもしれない。少なくとも、こうした比較対象がなければ、七％という数値だけでは何の意味も導き出すことはできない。

しかし、比較対象が不適切だった場合には、的の外れた分析結果を導いてしまう恐れがある。たとえば、A社とまったく違う業種の企業に属している人が自社の成長率と比較してA社の成長を論じても、その結論は意味をなさない。また、仮に日本のGDP成長率と

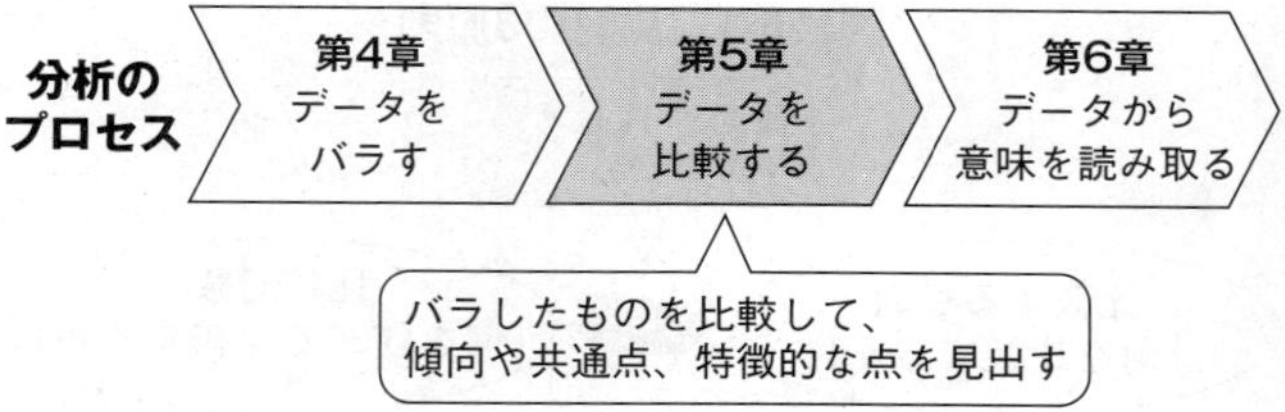
分析のプロセス
第4章
データを
バラす
第5章
データを
比較する
第6章
データから
意味を読み取る
バラしたものを比較して、
傾向や共通点、特徴的な点を見出す

比較したとしても、分析の目的が「業界内での競争力の有無」だったとしたら、これもほとんど意味のないものになる。

このように、比較するテーマを十分に意識せず、漠然と何らかの結論を出している場合は、印象レベルの、的の外れた分析をしているのと同じことになる。自分は何と比較しているのか、何を比較すれば意味のある分析ができるのかをはっきりさせておくことが重要だ。

よい比較を実現するための三つの原則

では、よい比較の条件とは何か。これは、比較を図表5−1のようにとらえれば容易に理解できる。比較する際には、「比較するもの」と「比較されるもの（比較対象）」が最低限なければならない。そして、それぞれのピントが合っていることが必要だ。

ただ、「ピントが合っている」と言っても、「比較するもの」と「比較対象」とでは、それぞれ若干意味が異なる。「比較するもの」については、そもそも分析の目的に沿ったものかがカギだ。単に比較しやすいという理由で、目的と無関係なものを比較する

図表5-1　比較の3原則

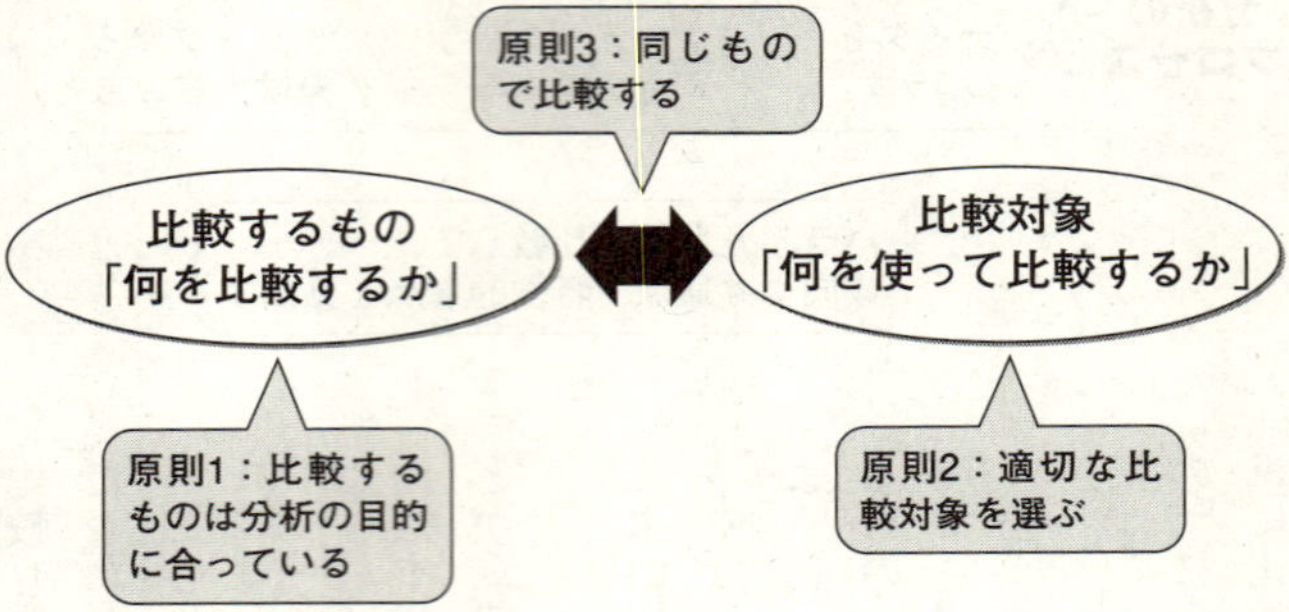
原則3：同じもので比較する
比較するもの「何を比較するか」
比較対象「何を使って比較するか」
原則1：比較するものは分析の目的に合っている
原則2：適切な比較対象を選ぶ

ケースは多い。つまり、目的に合ったものを比較するということからピントを合わさなければならない。一方、「比較対象」は、分析の意図に沿ったものかがポイントである。比較対象は多様に設定できる。そこで何がよい比較対象なのかを決めるのが、分析の意図だ。つまり、分析意図に沿った比較対象を選ぶという点からピントを合わせる必要がある。

そして、もう一点注意すべきなのは、両者が、比較するにあたって一対一対応をしているか、ということだ。いくら目的に沿ったものを意図に沿った比較対象で比較しても、一対一の対応をしていなければ意味がない。

このように、「比較するものは分析の目的に合っている」「適切な比較対象を選ぶ」「同じもので比較する」という三つの原則を守れば、よい比較を実現できる。それぞれについて詳しく見ていこう。

原則１：目的に合ったデータを比較する

一つ目の原則は、分析の目的と合致するものを比較する、である。ある企業の生産面での効率性を分析するのに、顧客からの製品満足度を持ち出しても意味はない。

分析の目的に合致したデータで比較するという原則は、一見当たり前のことに思える。しかし、指標となる数値が手許になかったり、すぐには入手できずに分析には使えない、といったケースも多い。社員のモチベーションがどの程度高いかを分析しようとしても、比較できるような社員のモチベーションに関するデータを見つけるのは困難である。

こうしたとき、データがないとあきらめてしまうのではなく、比較できるようにする工夫が必要になる。工夫の一つに、比較したいものを比較できるようなデータに翻訳することがある。社員のモチベーションはどのような形で比較可能な数値として表れるか、という点から代わりになるものを探していく。たとえば、「従業員満足度調査での、仕事への意欲の項目」や「人事評価における主体性の項目」などが代替データとして考えられる。

もう一つの工夫は、分析したいデータを分割してみることである。たとえば人事評価を考えてみた場合、いきなり全人的な評価を行うのは難しいし、妥当な評価にはならないだろう。そこで、個別項目で評価をし、それを総合して評価を決定する。この方法は、個人のパフォーマンスをまずいくつかの観点（能力や成果、態度など）に分け、比較しやすいようにしていることにほかならない。

このように、分析したいものを分割すると、比較しにくいものも比較可能なデータになっていくのである。

原則2：意図に沿った比較対象を選ぶ

二つ目は、何と比較するのか、つまり適切な比較対象を選んでいるかだ。「業界内の競争力の有無」を分析するのに、自らが設定した目標との乖離状況を見ても意味はない。

とはいえ、比較対象は多様である。どの対象と比較すればよいか、迷うことも少なくない。そもそも、その比較対象でよかったのかが判断できないことも多い。たとえば、「レストランチェーンのある店舗の客単価が一五〇〇円だ」というデータがあったとしよう。このデータと比較できるものとして、以下のようなものが挙げられる。

・同店の前年の客単価
・同店の五年前の客単価（他にも三年前、一〇年前などもあり）
・このレストランチェーンの他店の客単価
・このレストランチェーンの近隣店舗の客単価
・近隣の他のレストランチェーンの客単価
・年度初めに設定した目標客単価

・レストランチェーン業界での平均客単価
・ファストフード業界の平均客単価

こうした比較対象は、いくつかに分類可能だ。以下では、主な比較対象を活用する際の考え方を見ていくことにしよう。

代表的な比較対象

ビジネスシーンで分析を行う場合、比較対象は、大きく次の三つに分類できる。

①時系列での比較

一つ目は、過去の同じデータを比較対象とするものだ。「前年比」「前年同期比」などがその典型である。レストランチェーンの例で言えば、「昨年と比べてこの店の客単価は五〇円下がっている」などと比較することである。比較対象としてはもっとも手っ取り早いし、長期間の推移からは大きな傾向が見えるなど、便利な面がある。しかし、過去からの経緯がベースとなっているため、どうしても現状踏襲的な意味の読み取りとなってしまう。つまり、分析の視点が限定されてしまうデメリットがある。

もう一点注意したいのが、いつからの推移を見るかということだ。前年とだけ比較するのか、五年間の推移を見るのか、さらに長い時間軸での推移を見るのか。これらも分析の目的に合わせて設定しておかないと、最近の変化を知りたいのに過去一〇年間のデータを材料にしてしまったため、最近の変化が見えなくなったなどの事態に陥る危険がある。

②自分なりの基準を設定して比較

「計画比」「目標達成・未達」などで表現されるものは、自分なりに基準を設定して、その基準と比較しているものと言える。前述のレストランチェーンの例で言えば、「この店舗の客単価は、チェーン全体の目標とする客単価一六〇〇円を下回っている」というような比較が、このカテゴリーに入る。

この方法は、自分なりに基準を立てることができるので、背伸びした目標にも現実的な目標にもすることができるという点で、比較対象としての柔軟性はある。反面、裏づけもなく決めることができるため、なぜその基準が設定されたのかという点で、納得感が得られにくいといった面もある。

また、比較対象としての目標の設定の仕方が安易な場合、分析結果は自ずと「良い／悪い」という表面的なもので終わりがちになる。このように、目標を比較対象とする場合、自らの問題意識との比較で問題を明確にできるメリットがある反面、設定した意図がはっきりしなければ、必ずしも解像度を高めるのには役立たない点に要注意である。

③他に比較できそうな対象と比較

基準を、ある程度客観性を持ったものにするために、外部などの比較対象を活用するのも一つの方法だ。事業で言えば競合と比較する、個人の成績で言えばライバルと比較したり、全体の平均と比較したりすることである。前述のレストランチェーンの例で言えば、「チェーン全体の平均客単価」「近隣レストランの客単価」などが該当する。

この場合も、何を比較対象として設定するかが重要になる。安易にライバルを比較対象としても意味がない。一社だけが高いシェアを持っていて、残りは同程度のシェアの業界の場合、トップシェアの企業と比較しても意味のある分析結果は出てこないだろう。

この際に重要なのが、何のためにその比較対象を選んだかである。たとえば、個人の能力を比較する場合、似た職歴だとか、自分より常に少し高い成績を上げている社員を比較対象にすれば、自分の状況がよりはっきりと見えてくる。これを、まったく異なる職歴の人と比べたり、成績に大きく差のついた人と比べても、自分の弱点は見えてこない。

比較対象は何を基準にするかで決める

このように、比較対象はさまざまなものが候補になりうる。前述の組み合わせもあわせて考えると、その数は相当な量となるだろう。しかし、これらのすべてを比較するのは現実的ではないし、そもそも比較の意図が見えなくなってしまう。となると、何を比較対象とするのがよいのだろうか。その答えはひとえに、比較をする目的、つまり「何を基準、もしくはよいと考えているのか」による。たとえば、時系列での比較は、暗黙のうちに「過去の水準にまで到達するのがよい」「過去よりは上回っているのが望ましい」という基準で考えているからだ。同様に、競合との比較も「競合より優れている（もしくは競合に追いついている）ことが望ましい」と考えていることになる。典型的なのが、目標を設定する場合だ。この場合などはまさに自らあるべき状態を設定して、その状態と比較するのにほかならない。

となると、まず考えるべきは、どのような状態を望ましい、もしくは標準とするかを冷静に考えてみることだ。比較は、ともすれば数値の扱い方に焦点が当てられるが、重要なのは、その前段階の「何を比較対象にするか」、言い換えれば「その比較で何を見たいのか」を考えることである。

以上に述べたことは、定量的なデータに関することのように感じるかもしれない。しかし、比較対象を決める基準は、定性的なデータでこそはっきりさせておかなければならない。インタビュー結果などの定性データは、比較対象が自ずとかぎられてくるので、「他にデータがない」という理由で、とかく手近なデータと比較してしまいがちになる。その際、そのデータはどのようなものかを理解しておかなければ、比較した結果を読み誤る恐れがある。つまり、定性データでも、どのような比較対象なのかを理解しておかなければ、意味のある分析結果は出てこないのだ。

比較対象を組み合わせて比較する

比較対象は組み合わせて使うことも多い。たとえば、競合企業との業績比較を時系列で見ていくというパターンは、比較対象の①と②を組み合わせたものである。比較対象を組

図表5-2　比較対象の組み合わせ

（単位：億円）

	2008年	2009年	2010年	
A社	97	100	103	2.9%
B社	102	106	110	3.6%
A社／B社	0.950	0.943	0.936	

アプローチ1：両社の売上格差の推移を比較する

アプローチ2：両社の成長率を比較する

み合わせることによって、さまざまな比較を一度に行うことができる。ただし、組み合わせて活用する場合は、何を目的にするかで比較対象の主従の置き方は変わってくる。図表5-2に、二つの比較の仕方を示す。一つは両社の相対的な差を時系列で見ていくもの、もう一つは両社の成長率の差を比較するものだ。

どちらのアプローチがよいかは、分析の目的によって変わってくる。たとえば、両社の差がどのように変化しているのかを知りたければ、前者のアプローチが適切だし、両社の成長率の差を見たければ、後者のアプローチで比較しなければならない。

このように、比較対象を組み合わせる場合、比較した結果に含まれる情報量がその分増えるので、読み取りの際にはそれらをうまく活用する必要が出てくる。

原則3：できるだけ同じものを比較する

営業担当者として、営業所長から次のようなハッパをかけられたら、どのように感じるだろうか。「隣のX営業所を見てみろ。あそこはうちの一・五倍の受注件数を上げているそうじゃないか。うちもX営業所に追いつき追い越せだ。今月からもっと頑張るぞ」。

たしかに比較するものや比較対象ははっきりしているし、目的に合ったものだ。しかし、納得感には乏しい。まず営業所の規模や営業担当者の数が違えば、受注件数に差が出るのは当然だ。それに、各営業所が抱える顧客数がもとから違っていれば、受注件数が違ってくるのも自然だ。また、受注件数自体は多くても、一件あたりの受注額が小さいものばかりで総受注額が同じであれば、X営業所の活動は効率的とは言えない。

コンサルティング業界で、Apple to Appleという言葉がよく使われる。リンゴの良し悪しを判断したいのなら、別のリンゴと比べなければ分からないということだ。いくら同じ果物だからといって、リンゴとオレンジを比較しても、リンゴの良し悪しの判断にはならない。つまり、同じものを対象物としなければ比較したことにならない。したがって、自分は同じもので比較しているかを常に意識する必要がある。

一見同じものを比較している場合も、厳密に見れば異なる観点が含まれていることはあるはずだ。同じ部分と異なる部分を正しく見分け、異なる部分の影響を勘案しつつ合理的な比較を心がける必要がある。もちろんまったく同じものを比較するのは困難だ。そこで、自分が比較対象として選んだものは同じものと判断してよいかのチェックを忘れてはならない。営業所の例でも、隣の地域だからという理由だけでX営業所との比較に入るのではなく、自分の営業所と同じ規模や似た顧客基盤を持った営業所という観点から比較対象を選べば、より納得性の高い比較に結びつけることができる。

比較するときにデータに振りまわされない

以上の三つの原則にのっとって比較すればよいのだが、あまりに安易に比較してしまうと、分析の役に立たないばかりでなく、かえって状況を見えにくくしてしまう恐れもある。データに振りまわされてしまって、分析の目的とは無関係な比較をするケースもよく見受けられる。こうした比較の際に陥りやすいパターンには、以下の三つがある。

①比較しやすいから比較してしまう

手元にデータがあったから、すぐ算出できそうだから、という理由だけで比較してしまうケースである。すぐに手を動かすことは大いに尊重されるべきだが、目的を意識せずに手を動かしていては何も見えてこない。

②いろいろ比較して、何が何だか分からなくなる（エクセルにお任せ）

大量の数値データを目の前にすると、その数値の整理に目を奪われ、結局何を比較しようとしているのかが分からなくなることも多い。こうした状況に陥った際によく見られる姿勢が、「データをエクセルに入れて計算すれば……」というものである。数値があったら、まず比較し、結果を見てから意味を考えよう、という姿勢は、ムダを生み出すだけでなく、データを見る目をねじ曲げてしまう。極端な場合、比較の目的すら忘れて、表にある数値だからとりあえず比較した、などという事態すら生み出しかねない。

③数字をいじりまわして、何を比較したのか分からなくなる（無意味な方程式）

とにかく結論に合わせるために無関係の数値を掛け合わせ、偶然興味深い結論が出ると満足する、というパターンも多い。また、さまざまな変数を加えて、得体の知れないものと比較して悦に入るというパターンもよく見られる。「売場面積あたりの売り上げを従業員数で割って、さらに一人あたりの人件費で割り、客単価でも割ったものを利益水準別に比較してみると、おもしろい傾向が出てきて……」などと複雑怪奇な計算の結果、仮に何か特徴のある傾向が見られたとしても、そこに意味を見出せなければ徒労に終わる。

比較を効果的に行う三つの工夫

比較のための三原則をもとに比較しようとしても、なかなかピントの合った比較を行うことは難しい。そこで、次のような工夫をしておくことをおすすめする。

①まずは幅広く比較する

比較対象を決める場合、最初から一つの比較対象にしぼる必要はない。可能なかぎりいろいろな視点から比較を行う。ただし、自分にとって意味のある比較対象とそれ以外のいわゆる参考的な比較対象とは、明確に色分けをしておくとよい。そうすれば、多面的に比較ができ、ひいては幅広い観点からの分析に結びつけることもできる。定量データを比較する場合は、時系列だけではなく、他の比較対象も加えるとよい。また、演習のような定性的なデータでは、似たようなデータ（この場合は好業績を上げる営業マン）だけではなく、異なることが想定されるデータ、たとえば業績の思わしくない営業マンや、他業界で好業績を上げる営業マンなどを対象として持っておくとよい。

その際、何か特徴のある傾向が見えても、いきなり結論づけないことが重要だ。幅広く見ている段階で何かおもしろそうな比較結果に飛びつくと、他の部分に目が行き届かなくなる恐れがあるからだ。最初の段階では、幅広く比較することに重点を置き、いきなり評価しないよう心がけることである。

②丁寧に一覧表を作る

いきなり何かを比較しようとすると、どのデータとどのデータを比較すればよいかが分からなくなる。そこで、気になるデータも含め、全体を一覧にしておくことが的確な比較へ至るための第一歩となる。

特に、定性データの場合、比較すると言っても、一概に「優れている」「劣っている」かを判断しにくいケースが多い。そこでまずは後述する演習の例のように一覧表を作成して、それぞれのデータを比較できるようにするとよい。この場合、比較するものは個々のデータの特性である。前章で紹介したように、特性を一問一答のレベルまで細かくしておけば、それぞれのデータを比較できる表にするのも容易だ。

その際に注意しておきたいことは、一覧表の中に記入する内容自体もレベルを合わせる必要があるということだ。特に定性データの場合、書いてある内容のレベルが合っていないと、共通点や相違点を探し出すことができなくなる。それでは、比較した意味がない。一覧表の枠を作ったとたんに満足して気が抜けることが多いが、その中身にも注意しておこう。以下の演習の題材で比較した二つの例を見比べてほしい。

〔比較した例1〕
いろいろな項目が出てきたものだ。ひとまず関連しそうな情報を入れてみよう。すると結構簡単に情報が入った。これで比べればよさそうだ（図表5−3）。

この例のような比較では、読み取りが難しい。それは、比較されている項目のレベルが合っていないからだ。一例として「商品説明の時間」を見てみよう。ここでは「あまり長くない」「短い」「肝となるタイミングで説明」「手早く行う」と挙がっている。これで、商品説明の時間について、四氏にどのような特徴があるかを判断できるだろうか？

図表5-3　比較例1

	A氏	B氏	C氏	D氏
担当顧客数	多い	多い	少ない	多い
訪問件数	多い	少ない	多い	多い
受注件数	多い	多い	多い	多い
面談時間	長い	短い	長い	短い
話の切り出し方	世間話	関連の話題	[illegible]	[illegible]
話を聞く時間	[illegible]	[illegible]	[illegible]	[illegible]
商品説明の時間	あまり長くない	短い	肝となるタイミングで説明	手早く行う
次回へのつなぎ	宿題持ち帰り	宿題持ち帰り	宿題持ち帰り	宿題持ち帰り
商談の雰囲気	明るい	冷静	冷静	明るい
質問への対応	すぐに答えない			少しでも分からないことはその場では答えない
商品知識	それほどでもない	豊富	正確	豊富
資料持参	なし	しっかりしたものを用意	事前にメールで送付	しっかりと準備した資料
他特徴	知らぬ間に本題に	ヒアリングしながら商品説明へ	質問攻め	効率的に進むよう工夫

話を聞く時間は長いの？

書き方のレベルが合っていないので、共通の特徴が見えない

ここも書き方のレベルが合っていない

素材となるデータは、必ずしも自分の思うような形で記述されているわけではない。それを何の工夫もせずに並べて比較しようとしても、そこから共通点や相違点を探ったり、意味を読み取ることは困難である。そこでデータに対して、自分なりに焦点をしぼるなり解釈するなりして、比較できるものにしていかなければならない。

こうした点を考えると、次のように比較を進めていく必要がある。

> **［比較した例2］**
>
> この表に当てはまりそうな情報を入れてみると、ひとまず情報はすべて入る。しかし、比べるという観点からは、どうも比べにくいものがある。たとえば、「商品説明の時間」だ。四氏の内容を見ると、時間の長さとタイミングなど、さまざまな項目が入っている。どれかに統一しなければ。ここは長さで統一しよう。結局四氏とも商品説明の時間としては長くないから、ここは全員「短い」でよい。同様に、顧客からの質問や資料持参のあたりも比較しやすいような形に修正しておこう（図表5－4）。

この例での考え方のように、「話を聞く時間」「質問への対応」「商品知識」「資料持参」も、ある程度レベルをそろえなければ、解像度の高い分析にはつながらない。

③定量の場合の組み直し方——指数化

原則3で紹介したApple to Appleでの比較を実現するのが難しいのは、比較対象との

図表5-4　比較例2

	A氏	B氏	C氏	D氏
担当顧客数	多い	多い	少ない	多い
訪問件数	多い	少ない	多い	多い
受注件数	多い	多い	多い	多い
面談時間	長い	短い	長い	短い
話の切り出し方	世間話	関連の話題	前回の話の続き	いろいろ
話を聞く時間	長い	長い	長い	長い
商品説明の時間	短い	短い	短い	短い
次回へのつなぎ	宿題持ち帰り	宿題持ち帰り	宿題持ち帰り	宿題持ち帰り
商談の雰囲気	明るい	冷静	冷静	明るい
質問への対応	すぐに答えない	すぐに答えない	すぐに答えない	すぐに答えない
商品知識	×	○	○	○
資料持参	なし	あり	なし(メール)	あり
他特徴	知らぬ間に本題に	ヒアリングしながら商品説明へ	質問攻め	効率的に進むよう工夫

ここまでレベルをそろえれば、
比較→読み取りは容易

条件が微妙に異なるためである。条件の違いによってダイレクトな比較ができない場合には、指数化してみるとよい。前述の営業所長の発言の例で言えば、

・一人あたりの受注件数
・対象顧客あたりで見た、受注の成功確率
・一件あたりの受注額
・受注件数の過去からの増減率

等での指数化が考えられる。仮にX営業所の受注件数と比較する場合、少なくともこうした比較をしなければ、営業所長の発言が妥当かどうかは判断できない。

指数化という観点で言えば、私たちがビジネスシーンで一般的に利用しているものに、コスト比較がある。二つの企業のコスト競争力を分析するために、両者のコストを比較したとしよう。その際、単純にコストの実額を比較して、どちらのコストが高いかを判断する人はいないはずだ。規模の異なる企業では、大きい企業のほうがコストの総額が大きくなるのは当然の帰結だからだ。したがって、それぞれコストを売上高で割って、その比率をもとに比較を行うことになる。こうした暗黙の前提があるから、私たちは何の疑問も持たずに売上高で割ったコスト比率を見て、コストの大小を判断することができるのだ。

指数化するときには、そろっていないものは何かを意識するとよい。コスト比較の例で言えば、企業の規模がそろっていないから企業の規模を代表するもので指標化する。企業

の規模を代表するものなら売上高でなくてもよく、従業員数や店舗数等も使用できる。

　また、指数化する際にも、その目的を考慮することが重要だ。たとえば、営業所間での売上比較をする場合でも、従業員あたり、目標達成度、シェア（自社の売り上げ÷当該地域の総売上）とさまざまな指数化が可能だ。どの指数をとり上げるかは、目的によって変わってくる。社員の生産性という観点で比較したければ従業員あたりで指数化するのがよいし、対競合を見たいのならシェアで見る必要がある。指数化をすることは、ある意味自分の分析の色を出す第一歩である。何をもとに指数化すると自分の分析の目的に合致するのかを考えておきたい。

よい比較のための視点を普段から作る

　この章の最後に、より早く的確な比較を行うために、日ごろから心がけておくとよいことを紹介したい。それは、比較の際の基準を自分の中に作っておき、それをアップデートすることだ。

　どんなデータに対しても比較対象を考えた上で、丁寧に比較しなければ分析結果が得られないとしたら、分析はひどく手間のかかる作業になってしまう。現実には、明らかに異常に感じるところに目をつけて、厳密な比較は行わずに分析を進める。丁寧な比較を行う前に、表された数値がよいか悪いかをざっくりと自分なりに判断しているのだ。

こうした分析がなぜよしとされるのかと言えば、それは自分自身の中に標準があり、その標準との比較をしているからだ。自分の頭の中にインプットされているデータを比較対象として活用することも、立派な比較である。その意味で、比較できるような標準を持っておくことは、分析をスムーズに進めるために欠かせない要件である。

ここでの標準とは、日本経済全体の動向というマクロなものから、自分の所属する業界、自分の会社、さらには自分自身といったミクロなレベルまで幅広い。もちろん、自分の所属する業界や職種によって、持っておくとよい標準は変わってくる。

自動車販売に携わる人を例にとろう。その人にとっては、自らの販売台数の推移や目標販売台数、さらに販売店全体や同じ販売店の他のメンバーの販売台数などは、自分の成績を比較する上で最低限の標準として持っているだろう。それに加えて、マクロの数字として国内や地域での新車販売台数の推移も標準として持っておきたいところだ。さらに、セグメントごとの販売動向や車種別の販売ランキング、中古車の販売台数や耐久消費財の消費動向も押さえておけば、より幅広い比較が可能になる。

こうしたデータが自分の標準となっていれば、新たにデータを入手しなくても、ある程度踏み込んだ分析に進むことができる。

ここで心がけたいのは、定点観測する、つまり常にデータをアップデートするということである。分析で必要になったときにあわててデータを覚えるのでなく、定期的にアップデートしておく。アップデートを行うことで、自分が標準としたいデータの大きな流れをつかむことができる。すると、あるデータを見る場合に、それは異常値なのか誤差の範囲なのかが察知できるようになる。こうしたアップデートは一朝一夕にできるものではない。日々の積み重ねがデータの変化への感度を高めるのだ。いきなり過去五年間の国内自動車販売台数を暗記したところで、比較のための標準として使えるようにはならない。地道に日々欠かすことなくアップデートし続けることが必要だ。

なお、ここで注意しておきたいのは、標準をあくまでも「一般的」なものにするということだ。異常なものを標準にしてしまうと、標準自体がズレたものになり、変化に気づきにくくなる。自分は成績上位者だから、成績上位者の動向だけをアップデートしておけばよいと考えていたら、全体が底上げした場合にその変化に気づかない恐れがある。

このように自分の中に比較対象の引き出しを作っておき、必要に応じてより詳しいデータをもとに比較する。こうした習慣ができていれば、分析の際に比較で手間取ることはなくなるだろう。

第6章 データから意味を読み取る——データの読み取りで分析の解像度を高める

分析のためのデータをバラし、比較が終わったら、次はその結果を読み取る段階に入る。データをバラしたり比較したりするのはある程度誰でも同じようにできるが、読み取りとなると人による差が大きくなる。同じデータでも、何に重点を置いて見るのかが異なるからだ。このことは決して悪いことではない。むしろ、誰もが同じような読み取りをするようなデータや情報なら、分析力はあまり必要とされないということである。

ただし、読み取り方はさまざまと言っても、どのような読み取り方をしても解像度の高い分析が実現できるわけではない。読み取り方によって優劣がつく部分は多分にある。この章では、データから意味を読み取る手法について見ていきたい。

読み取りのクオリティはデータのバラしに依存

まず断っておきたいのは、意味の読み取りの優劣は、その前に行う「データをバラす」

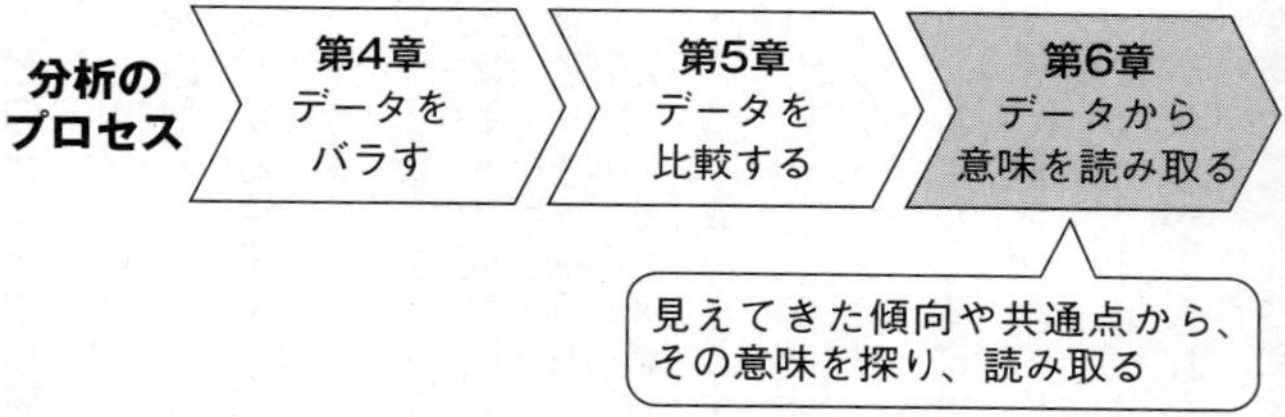
分析のプロセス
第4章
データをバラす
第5章
データを比較する
第6章
データから意味を読み取る
見えてきた傾向や共通点から、その意味を探り、読み取る

「データを比べる」という二つの段階、特にデータをバラす段階で半分程度は決まってしまうということだ。ここでバラしたデータは料理の食材で、意味の読み取りは調理の仕方のようなものだ。いくら腕のよいシェフがいても、鮮度の落ちた食材ではおいしい料理にはならない。漫然とデータをバラすのではなく、特性を意識して細かく分けながら丁寧にバラしておくことが必要だ。ここは重要だ、と思えるような箇所の特性は特に細かく分けておくと、読み取りの際に大きな効果を発揮する。仮に、前述した演習でのバラし方を営業プロセス別程度の粗さでとどめていたら、それらの比較から営業マンに共通する特徴を洗い出そうとしても、「事前準備をしっかりやっている」程度の漠然としたものでしか出てこないだろう。

以降では、しっかりとデータをバラして比較ができているという想定のもとに、解像度の高い分析を実現するための読み取りのポイントを考えていくことにしよう。

どのデータから読み取るか

データから意味を読み取る際にまず考えるべきことは、比較したデータのどれをもとに読み取るかである。データから意味を読み取るとき、いくら鋭いメスを持っていたとしても、切る場所を間違えては意味がない。読み取る箇所のとらえ方として、大きく二つの考え方がある。

一つは、分析を開始した当初に問題意識を持っていた箇所である。私たちは、まったくニュートラルな状態で分析に取り組むわけではない。何らかの問題意識があって分析が始まる。まずそうした問題意識に該当する箇所に目をつけることは当然のことである。もちろん、いくら問題意識があるからといって、無理に意味を読み取る必要はない。無理に意味を読み取ろうとすれば、こじつけになる恐れがある。あくまで何か読み取れそうなことはないかと、確認するための優先順位を上げておく程度でよい。

もう一つは、データの比較を通じて「おかしい」と感じた箇所である。「おかしい」と感じる主な要素には、大きく「特異点」と「共通点」がある。データを横並びに見て、明らかに他と傾向の異なるデータがあれば、そのデータは意味を読み取る必要がある。同様に、ある特性にだけ共通の傾向が見られる場合も、そこから何らかの意味を読み取ることができるかもしれない。

データから意味を読み取る際の注意点

データから意味を読み取る具体的な手法に進む前に、演習の回答例を題材に、データ読み取りの際に注意すべきポイントを整理しておこう。

①漠然とした読み取りをしない

もちろんデータを比較するまでの状況にもよるが、せっかく「データをバラす」「データを比べる」という二つのプロセスを丁寧に行ったのなら、読み取りも同様に行いたい。往々にして細かくデータを見てきたのに、分析結果としてまとめる際には漠然とした結論にとどめてしまうことが見られる。ここで、その典型的な例を見てみよう。

> **［読み取り例1］**
> 表をもとに、四名に共通する特徴を考えてみよう。いろいろな特徴が共通点としてあるが、これらを勘案すれば「話を聞き出す技術に長けている」ということだ。聞き出し方はいろいろある。Aさんのように世間話に花を咲かせる方法もあれば、Cさんのように質問攻めにする方法もある。いずれにせよ、とにかく顧客から話をうまく聞き出している。だから、営業担当者には話を聞き出す技術の研修でも受けさせるとよいかもしれないな。

データを丁寧にバラし比べたなら、より具体的な特異点や特徴が見えてくるはずである。読み取りの際には、そうしたより具体的な内容も可能なかぎり反映させたい。こうした細

図表6-1　読み取り例1

	A氏	B氏	C氏	D氏
担当顧客数	多い	多い	少ない	多い
訪問件数	多い	少ない	多い	多い
受注件数	多い	多い	多い	多い
面談時間	長い	短い	長い	短い
話の切り出し方	世間話	関連の話題	前回の話の続き	いろいろ
話を聞く時間	長い	長い	長い	長い
商品説明の時間	短い	短い	短い	短い
次回へのつなぎ	[illegible]	ち帰り	宿題持ち帰り	宿題持ち帰り
商談の雰囲気	[illegible]	[illegible]	冷静	明るい
質問への対応	すぐに答えない	すぐに答えない	すぐに答えない	すぐに答えない
商品知識	×	○	○	○
資料持参	なし	あり	なし（メール）	あり
他特徴	知らぬ間に本題に	ヒアリングしながら商品説明へ	質問攻め	効率的に進むよう工夫

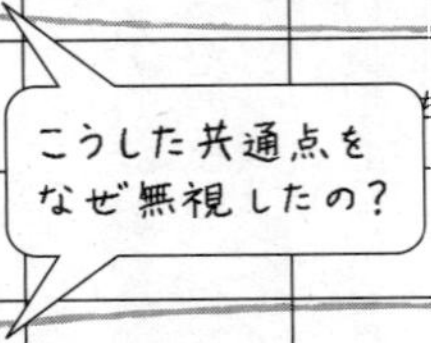

→網がけの要素を総合すると、話を聞き出す技術に長けているということに

部の違いをつかむことが、解像度の高い分析につながるのである。

この例では、共通する特徴を考えようとしている点はよい。しかし、比較した結果から得た共通点ではなく、目についたポイントを無理やり共通点としてしまっている。同時に、共通点の押さえ方が大雑把すぎて、結局共通点のような共通点でないような「話を聞き出す技術」と結論づけるにとどまっている。比較して意味を読み取ることと、ざっくりと言えそうなことをまとめるのとは別物だ。仮に聞き出す技術に特徴があると言うのなら、具体的に聞き出し方にどのような共通点や特徴があるのかを探っていかなければならない。

②読み取るデータや特性の操作はしない

データを読み取る際にもう一つ注意したいのが、対象となるデータや特性を意図的に操作することは極力避ける、ということだ。これも、読み取り例で見てみよう。

［読み取り例2］

表（図表6-2）を見ると、どうもAさんだけ独特のやり方をしているようだ。こういった独自のやり方でうまくいく人もいるが、そういう人は多くない。それを共有しても意味がないから、ここはAさんを除いて考えることにしよう。

そうすると、共通点はいろいろある。話を聞く時間が長い反面、自分が話す時間は短めだ。また、無理に答えられない質問には答えていない。それから、商談が終わったときには宿題を持ち帰っている。さらに、豊富な商品知識をもとに事前にしっかり準備している点も共通

図表6-2　読み取り例2

	A氏	B氏	C氏	D氏
担当顧客数	多い	多い	少ない	多い
訪問件数	多い			多い
受注件数	多い	多い	多い	多い
面談時間	長い	短い	長い	短い
話の切り出し方	世間話	関連の話題	前回の話の続き	いろいろ
話を聞く時間	長い	長い	長い	長い
商品説明の時間	短い	短い	短い	短い
次回へのつなぎ	宿題持ち帰り	宿題持ち帰り	宿題持ち帰り	宿題持ち帰り
商談の雰囲気	明るい	冷静	冷静	明るい
質問への対応	すぐに答えない	すぐに答えない	すぐに答えない	すぐに答えない
商品知識	×	○	○	○
資料持参	なし	あり	なし（メール）	あり
他特徴	知らぬ間に本題に	ヒアリングしながら商品説明へ	質問攻め	効率的に進むよう工夫

A氏を除いてしまっては、分析の意味がなくなる

・話を聞く時間は長い
・こちらからの説明時間は短い
・無理に答えられない質問には答えない
・商談終了時には宿題を持ち帰る
・豊富な商品知識がある
・事前にしっかり資料を準備する

結局、結論は？

点だ。いろいろな共通点があるが、まずは共通点を洗い出せたからよしとしよう。

この分析例を見て感じるのは、なぜA氏のデータを除外してしまったのだろうか、という疑問だ。単にデータを見て特殊だからという理由で分析対象から外したのでは、どんなデータも分析対象とならない可能性がある。A氏は明らかに他の営業マンと異なる何か、たとえばこれまでのキャリアが同社の中では特殊だとか、対象顧客が他の営業マンとまったく異なるなどの事情がないとすれば、単に行動の仕方が違うという理由だけで分析対象から外してしまっては、偏った分析結果を招きかねない。

こうした一部のデータに引きずられた読み取りのパターンとして見られるのが、「B氏は営業のエース的存在」という記述に引っ張られて、B氏の特徴に流されたような分析をしてしまうケースだ。ここでは、四名に共通する要素を冷静に読み取ることが必要だ。

また、データだけでなく特性も無視したりしないようにする必要がある。例1では、商品説明の時間や質問への対応といった、四名に共通するデータの特性を無視している。もしこうした特性を無視するのなら、その理由は何かをはっきりさせないといけない。

もちろん現実には、演習のような題材で簡単に共通点が見つかる場面はまれであろうし、共通する特性を並べても関連性があるように見えないこともしばしば起こる。しかし、だからと言って、データの選り好みをしてよいとはならない。データの読み取りが難しくなるが、データを除外する理由がないかぎりは、分析対象から外すべきではない。ここで丁寧にデータの意味を読み取ることができれば、分析の解像度は一段上がるのだ。「このデータさえなければ、きれいに特徴が出るのに」と、自分の都合でデータを取捨選択し、後になってもっともらしい口実を作るようでは、よい分析はできない。

③事実の列挙

データから読み取った意味は、そのまま分析結果につながる。すなわち、読み取りの段階で成果物を意識していなければならない。そのような段階にもかかわらず、単にデータを整理しただけ、あるいは事実を列挙しただけにとどまってしまうことも多い。

例2では、共通する項目を列挙して終わっているが、それらの共通点は結局何を意味するのかまで読み取ることが、ここでは求められる。洗い出した共通点に一歩踏み込んで結論を出すことが、分析には求められている。

読み取り作業では、単なる事実の説明ではなく、読み取った結果は何かをはっきりとメッセージとして打ち出すことが必要になる。

比較した結果をもとにデータから意味を読み取る

では、実際にデータから意味を読み取る流れについて見ていこう。定量データに関しては、比較対象さえあればある程度データから何かを読み取ることができる。前章で述べた通り、比較対象に分析に必要な意味合いが反映されているからだ。

「○○製品の品質満足度が七・五で、他製品の平均値は八・三」というデータを題材にして、意味の読み取り方を見てみることにする。

①データで示しているものを言葉で説明してみる

まずやっておきたいのは、データで示しているものを丁寧に説明してみることだ。定量データは往々にして省略された形で表現される。つまり、「市場シェア」「品質の満足度」「担当者の生産性」などのような形だ。この表現のままで意味を読み取ろうとしても、表面的にデータをさらう程度になるか、裏づけのない結論まで行き着いてしまうのが関の山だ。読み取りの際には、これらを補足して使うことになる。たとえば前述した三つは、次のように説明できる。

市場シェア……△△市場における○○製品の売り上げのシェア

品質の満足度……品質に対する顧客の満足度合いの評価

担当者の生産性……担当者が所要時間内にどれだけ資料を作成したか

この程度まで説明しておけば、そのデータが何を意味しているかが探りやすくなる。

なお、ここで注意したいのは、この段階では数値の良し悪しといった評価は、まだ考えないことだ。データそのものをクローズアップするのは、次のステップからである。

したがって、前掲の題材データにある「品質満足度が七・五」というデータも、もう少し丁寧に表現すると、「当社の○○製品の品質に関する満足度は一〇点満点中七・五点」となる。

こうすることによって、さらにこれが何を意味するかを丁寧に表現することもできる。ここでの満足度は利用者からの評価だから、「当社の○○製品の品質に対して、利用者は一〇点満点中七・五点と評価している」とすることもできるだろう。

②比較対象を合わせて、データの結果を表現する

次に行うのは、比較対象をもとに、数値そのものを表現してみることである。ここでもまだ「良い」「悪い」というレベルの主観的な評価まで下す必要はない。上回っているのか下回っているのか、その程度はどれくらいかを表現するだけでよい。品質満足度のデータでは、他製品の平均が八・三だった。すると、「当社の○○製品の品質に関する満足度は、他製品平均より○・八ポイント下まわっている」と表現することができる。

もちろん、他製品平均が何を意味するかを考え、反映させることも可能だ。他製品の評価を平均しているわけだから、現在提供している製品の標準的な水準ととらえることもできる。

③翻訳してみる

ここまでくれば、データが何を意味するかは格段に読み取りやすくなっているはずだし、意味を読み取っても大きく外すことはないだろう。

前述の品質満足度のデータは次のように読み取ることができる。「当社の○○製品は、品質面で標準的な水準を下まわると評価されている」。

ここで重要なのは、あまりざっくりと意味をまとめようとしないことだ。品質満足度のデータを見て、「○○商品の品質に対する満足度が低い」と大くくりにまとめてしまうと、単に数値を言葉に直しただけになってしまうし、他製品の平均と比較した意味もほとんどなくなる。

反対に、いくら翻訳だからといって、「○○商品の品質を改善すべき」と、いきなり提言に移ってしまうのも、データの読み取りとしては適切でない。個々のデータごとに即断でアクションを考えていては、場当たり的な対症療法と変わりなくなってしまう。

データの共通点や相違点に注目して読み取る

定性データの場合は、比較を通じて共通点や相違点を浮かび上がらせると、データから意味を読み取りやすくなる。共通点や相違点をもとにデータの持つ意味を読み取っていく姿を、演習での読み取り例を題材に見ていこう。

[読み取り例3]

四名の行動を比較した結果を見ると、四名の共通点が見えてくる。まずは、商品説明の時間だ。商談の中で商品説明の占める割合は意外なほど少ない。では、どのようなことに時間を費やしているのかと言えば、顧客から話を聞くことだ。そのための工夫はいろいろしていて、工夫の仕方は四者四様と言える。ただ、説明自体は最初にすべて説明してしまうのではなく、小出しにしている点は共通しているだろう。もちろんAさんのように商品知識が不十分でうまく説明できないから結果的に小出しの説明になってしまうこともあれば、Dさんのように意図的に準備段階で説明内容をしぼる人もいるが、いずれにしても、顧客に質問の余地を取るという点では共通している。

もう一つ特徴的な共通点を挙げるとすれば、四人とも分からない質問にその場で答えてはいない、ということか。そして、その場で答えないことをもとに、次の商談につなげている。この点も共通している。

となると、成功している営業マンの要件として、大きく二つ考えられることになる。まず、一回の商談あたりの商品説明のボリュームを落として質問の余地を取ること、そして、的確に答えられない質問があったらあやふやな答えをするのではなく、次回への商談につなげる材料とすること。こうした活動を通じて顧客との関係構築をしているのだろう。

共通点や相違点を探るときには、書かれたことから印象ベースで何となく列挙するのではなく、この例のように一覧にすることで分かりやすくなることにお気づきだろう。では、この例から共通点を探り、相違点を対比させる流れを振り返ってみよう。

図表6-3　読み取り例3

	A氏	B氏	C氏	D氏
担当顧客数	多い	多い	少ない	多い
訪問件数	多い	少ない	多い	多い
受注件数	多い	多い	多い	多い
面談時間	長い	短い	長い	短い
話の切り出し方	世間話	関連の話題	前回の話の続き	いろいろ
話を聞く時間	長い	長い	長い	長い
商品説明の時間	短い	短い	短い	短い
次回へのつなぎ	宿[illegible]	[illegible]ち帰り	宿題持ち帰り	宿題持ち帰り
商談の雰囲気	明るい	冷静	冷静	明るい
質問への対応	すぐに答えない	すぐに答えない	すぐに答えない	すぐに答えない
商品知識	×	○	○	○
資料持参	なし	あり	なし	[illegible]
他特徴	知らぬ間に本題に	ヒアリングしながら商品説明へ	質問攻め	効率的に進むよう工夫

まずは共通点を丁寧に見ている

それぞれの共通点から言えることをまとめている

- 話を聞く時間は長い
- こちらからの説明時間は短い

→ 1回の商談あたりの商品説明のボリュームを落として質問の時間を多めに取る

- 商談終了時には宿題を持ち帰る
- 答えられない質問には無理に答えない

→ 的確に答えられない質問は、次回の商談につなげる材料とする

①共通点をまとめる

これはデータに共通している特性を挙げ、そこから意味を抽出する作業である。まずは、四名に共通する特性はないかを探してみよう。すると、次の項目が見えてくる。

話を聞く時間……長い
商品説明の時間……短い
次回へのつなぎ……宿題を持ち帰る
質問への対応……すぐに答えない

これら四つが、何を意味しているかを考えていく。もちろん、四つの特性すべてが何を意味しているかを考える必要はない。自分なりにこれらの特性を組み合わせて、何を意味しているかを考えていけばよい。一例として、次のような組み合わせができるだろう。

組み合わせ例1……話を聞く時間と商品説明の時間
組み合わせ例2……次回へのつなぎと質問への対応

こうして見ると、それぞれの組み合わせた例でデータの意味を読み取ることができる。組み合わせ例1は、二つを合わせれば商談一回あたりの時間配分のことだと見えてくる。そうすれば、「一回の商談あたりの商品説明のボリュームを落として質問の時間を多めに取る」と読み取ることができる。

一方、組み合わせ例2は、二つを合わせれば分からない質問への対応方針のことだと見える。そこで、「的確に答えられない質問は、次回の商談につなげる材料とする」と読み取ることができる。

もちろん、ここでそれぞれの特性の意味の取り方によって、データの読み取り方も変わってくる。たとえば組み合わせ例2を商談の組み立て方のことだと見れば、「その場で的確に答えられない質問への回答を次回に行うという流れで、商談を組み立てている」と読み取ることができるのである。

②相違点を対比させる

データを組み合わせる場合、あえて共通点ばかりを探す必要はない。特徴的な点や相違点から意味を読み取ることも可能である。その際、単に「両者は違う」というレベルの読み取りで満足するのではなく、「○○という点で違う」と具体的に対比させるとよい。

この演習でも、二名に分けてそれぞれの共通点を探すと、相違点が見えてくる。A氏とC氏、B氏とD氏をペアにした場合、二つのペアの相違点を探してみよう。

面談時間……A氏とC氏は長く、B氏とD氏は短い
資料持参……A氏とC氏は持参せず、B氏とD氏は持参

このように見ると、二つのペアの違いがくっきり浮かぶ。ここから、「持参する資料の有無によって面談時間の取り方を調整している」という意味を読み取ることができる。

このように相違点を対比してデータを読み取る場合は、いつまでも個々のデータにこだ

わらないことがポイントとなる。ここで重要なのは四名の面談時間の長さではなく、面談時間と資料との関係だからである。往々にして私たちは、相違点を目にすると、両者を対比しただけで終わりにしてしまう。たとえば、「A氏とC氏は面談時間が長くて資料を持参せず、B氏とD氏は資料を持参して面談時間が短い」という事実をまとめるだけで満足してしまう。しかし、これではまだ個々のデータの違いを表現したにすぎない。ここから両者の違いは結局何か（この例で言えば面談時間の取り方の工夫）を引っ張り出すことが重要である。ここまで読み取って初めて分析の解像度が上がるのだ。

データ読み取りの思考技術

これまで見てきたように、データの読み取りは、表面的にデータを整理するのではなく、その意味を掘り下げることこそが重要である。そのためには、データの意味をとらえること、そしてなぜそうなっているかを追求すること、さらに各要素の関係を探ること、といった思考技術が欠かせない。

①データの意味を考える（So What?）

データを読み取る際に欠かせないのが、「そのデータから何が言えるか?」を考えること、つまりデータの意味を考えることである。「So What?」という問いかけのフレーズをよく耳にするようになったが、そうした問いかけをデータに対して行う。前述の通り、

「話を聞く時間は長い」と「説明時間は短い」という共通点から、トータルの商談時間で話をする時間と聞く時間との比率が違うことを読み取ったのは、二つのデータから何が言えるかを考えたからにほかならない。このような形で、データから言及できる意味を考えていく。

データの持つ意味を考える際には、分析の目的や分析をしている立場を考慮してみるとよい。たとえば、ある事業が赤字に陥ったというデータも、分析の目的や分析をする立場が明確になっていなければ、単に「大変だ」という程度の感想で終わる。しかし、「どの事業に追加投資をすべきか」を探るという立場であれば、「見切りをつける事業だ」「追加投資の必要性の高い事業だ」という意味が見えてくるはずだ。

②なぜそうなったかを追求する

特異点があった場合は、「なぜ?」と自問してみることが特に有効になる。「なぜこのデータだけ他と傾向が違うのか?」「その違いにどのような意味があるのか?」を掘り下げていくと、データの持つ意味が浮かび上がってくる場合がある。演習の例で言えば、「商談終了時に宿題を持ち帰る」ことや「答えられない質問には無理に答えない」のはなぜかと問うことで、「的確に答えられない質問は、次回の商談につなげる材料にしようとしているから」と読み取ることができている。

なぜを追求すると有効な場面はいくつかある。一つは、特異点や相違点などだ。「なぜ違うのか？」と追求してみることで、データの読み取りは一段と深まる。「なぜ面談時間の長さに違いがある？」「なぜ資料を持参しなくても好業績を上げることができるのか？」という問いかけを行えば、より突っ込んでデータの持つ意味を探ることができる。特異点や相違点があれば、こうした「なぜ？」をいっそう問いかけやすくなる。

定量データの場合も、読み取りの際にいきなり結論づけずに、いったん「なぜ？」を考えてみるとよい。「A事業とB事業では、収益性の差が年々広がっている」というレベルの読み取りにとどめず、「なぜ、二つの事業の差は広がっているのか」と掘り下げることで、踏み込んだ読み取りとなる。定量データは結果の集まりであるため、その原因を考えていかないと、表面的な傾向や状況の把握程度で分析が終わってしまう。

③データや特性間の関係を探る

三番目の思考技術は、データや特性にはどのような関係があるかを探っていくことだ。データの意味を個別に読み取るだけでは、成果物としての分析結果になかなか結びつかない。したがって、データ間にはどんな関係があるのかを探ることも重要な作業となる。同様に、特に定性データの場合、さまざまな特性をもとに比較を行ってから、それら特性の間の関係性の有無を探っていくと、分析の解像度をより高めることができる。

たとえば、あるアパレルチェーンで、不況下にありながら増収を果たした店舗が二つあったとしよう。状況を調べたところ、増収した店舗は他の店舗と比べて店員の平均在籍年数が長く、かつ店舗独自に頻繁にディスプレイの変更をしていることが分かったとする。そうなると、「ベテラン店員が多く、店内ディスプレイの変更を頻繁にしている店舗が不況下でも増収している」ことが分かる。ただし、これでは単に店員とディスプレイという二つの要素を羅列しているだけで、結局何が重要なポイントなのか見えてこない。

ここでデータにある二つの特性を組み合わせて読み取ることができるかどうかがカギとなる。注目すべきは「不況下」という状況だ。好況だと来店客増も期待できるが、不況下では来店客の増加はあまり期待できない。となると、購入客の客単価をいかに上げるかが重要になる。そのための要素として、店員とディスプレイが効いているということをこのデータは物語っている。こうして、「不況下において、店員の対応とディスプレイの工夫によって購入単価を増加させる努力をしている店舗は成長している」と読み取ることが可能になる。

データや特性の関係を探ることは、特に分析結果をまとめる際に必要になる。もちろん思いつきで関連づけるのではなく、これまで比較した結果をもとに、全体としてどんな分析結果となるのかを示せるようにしたいものである。

無理に読み取らない勇気も必要

以上、データから意味を読み取るためのポイントを紹介してきた。しかし、いくらデータをながめても、それが何を意味するのかが読み取れないケースもあるだろう。このようにデータから意味を読み取れない場合は、あまり無理をしない勇気を持つことも重要だ。

前述した通り、データの読み取りは、その前段階に行ったデータのバラしや比較作業の影響を受ける。共通点を見つけようとしても見つからない、特徴的な傾向を探ろうにも傾向が十分見えてこない場合、データのバラしや比較作業から見直したほうがよい。また、少し時間をあけることによって、意外なほど簡単にそのデータの意味するものが見えてくることもある。一度でどんなデータからも意味を読み取ろうと無理をせず、頭の準備ができたら読み取ってみるようにするとよい。

さらに解像度の高い分析を目指す

以上が、手許にあるデータで行うことのできる分析だ。さらに分析を深めたければ、足りないデータを追加したり、十分比較や読み取りを行っていないデータに再度目を向ける必要がある。

演習の例で言えば、さらにデータを追加する場合は、第5章で述べたように、業績のよい営業マンだけでなく、あまり業績のよくない営業担当者のデータも入手するとよい。例に挙げた行動を他の営業担当者も行っていたとしたら、それはすべての営業担当者が取っている行動にすぎず、成功する営業担当者の行動とは言えなくなる。そのため、比較対象

図表6-4　成功していないE氏、F氏も合わせた表

	A氏	B氏	C氏	D氏	E氏	F氏
担当顧客数	多い	多い	少ない	多い	多い	少ない
訪問件数	多い	少ない	多い	多い	少ない	多い
受注件数	多い	多い	多い	多い	少ない	少ない
面談時間	長い	短い	長い	短い	長い	短い
話の切り出し方	世間話	関連の話題	前回の話の続き	いろいろ	いきなり本題	いきなり本題
話を聞く時間	長い	長い	長い	長い	短い	短い
商品説明の時間	短い	短い	短い	短い	長い	長い
商談終了時	宿題持ち帰り	宿題持ち帰り	宿題持ち帰り	宿題持ち帰り	宿題持ち帰り	次回のアジェンダなし
商談の雰囲気	明るい	冷静	冷静	明るい	明るい	冷静
顧客からの質問	すぐに答えない	すぐに答えない	すぐに答えない	すぐに答えない	すぐに答えない	すぐに答えない
商品知識	×	○	○	○	○	×
資料持参	なし	あり	なし（メール）	あり	あり	なし
他特徴	知らぬ間に本題に	ヒアリングしながら商品説明へ	質問攻め	効率的に進むよう工夫	豊富な商品知識でわかりやすく説明	淡々と商談を進めている印象を与えがち

として成功していない営業担当者の行動も同様に見ておく必要がある。

成功していない営業担当者二名を代表して観察したものを加えたのが図表6―4である。こうして見ると、分析例で出てきた共通点の一つ「答えられない質問はその場で答えない」については、必ずしも成功する営業担当者だけの特徴ではないことが分かる。となると、「一回の商談あたりの商品説明のボリュームを落として相手が質問する余地を取り、極力話をしてもらうような商談とすること」という点が、成功する営業担当者の要素として考えられる。

分析は「バラす」→「比べる」→「読み取る」のステップを一度だけ踏めば終わるわけではない。このステップのくり返しで、解像度が高まっていくのだ。もちろん最初の分析がある程度の解像度にまで達していれば、その後の分析の負担は減る。まずは手元にあるデータをもとに解像度を高めていきたい。

第3部　仮説立案の思考技術

ここでは、仮説を立てて検証するための技術を、「目をつける」「問いを立てる」「仮説を導く」「仮説を検証する」という4つのプロセスに分けて解説する。第7章と第8章では、実際の企業の事例を紹介する。事例を通じてイメージをつかんでいただきたい。また、第9章、第10章では、第2部と同様に演習を用意した。自分だったらどんな仮説を導くか、そして仮説をより進化させるために、どんな検証をするのかを考えていただきたい。

第7章　目をつける——何に目をつけるかが仮説を立てる出発点

仮説立案の第一歩は、目のつけどころを見つけることである。精度の高い仮説を立てるには、何に目をつけるかが重要になる。商品開発であれ、戦略立案であれ、問題解決であれ、仮説を立てたければ、何かに目をつけなければならない。その際、何でも適当に目をつければよいわけではない。「目のつけどころ」を誤れば、精度の高い仮説には結びつかないからである。

精度の高い仮説につながる目のつけどころを見つけるためには、まずその対象をできるだけ多面的に見なければならない。一面的な見方ばかりしていては、まぐれ当たりでもないかぎり、継続的に精度の高い仮説を立てるのは難しいし、似たような観点からしか仮説を導き出せない。

状況を多面的に見た上で、どこに目をつけるのかを決める。その際に必要になるのが、自分の関心や問題意識である。「ここは重要だ」「ここをもっと掘り下げたい」という関心

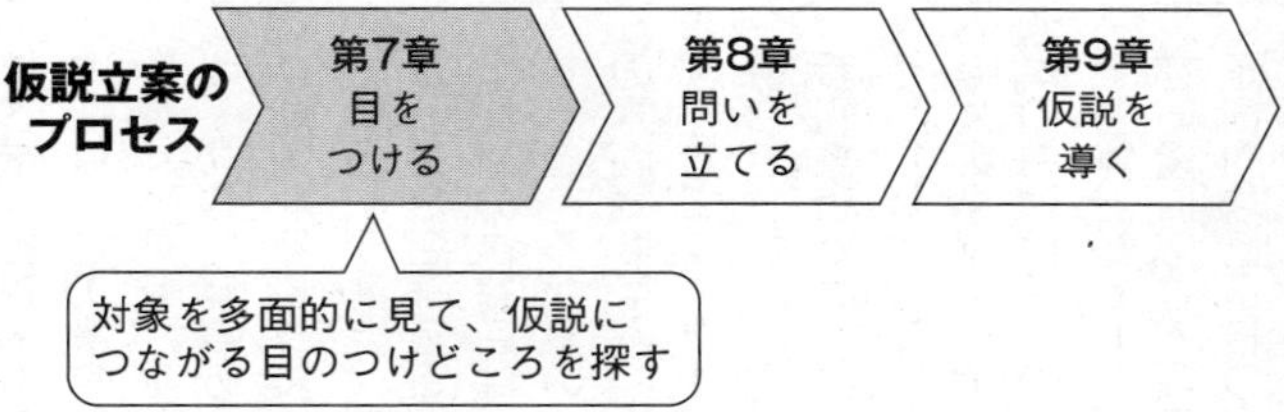
仮説立案のプロセス
第7章
目を
つける
第8章
問いを
立てる
第9章
仮説を
導く
対象を多面的に見て、仮説に
つながる目のつけどころを探す

や問題意識があって初めて仮説につながる。しかし、関心や問題意識だけで目のつけどころを決めるのは、思い込み以外の何ものでもない。実際に目をつけるに値するものなのかどうかを客観的に判断しなければならない。そのときに行うのが、第5章で紹介した「比較」である。自分の関心や問題意識からここに目をつけたほうがよいと思えば、他のものと比較して本当に意味があるのかを判断することになる。

もちろん、何に目をつければよいかは状況によって変わるので、目のつけどころに決まった答えはない。しかし、目をつけるためのコツは存在する。本章では、そうしたコツについて見ていくことにする。

まずは、次の事例をご覧になり、ブックオフの坂本氏がどのような点に目をつけて事業を創造したかを考えていただきたい。

ブックオフコーポレーション（以下ブックオフ）は、一九九一年に坂本孝氏が設立した中古書店チェーンである。

坂本氏は、大学を卒業後、父親の会社の経営に参画した後で、さまざまなビジネスを展開した。そのうち、成功したものの一つに中古ピアノ事業がある。坂本氏は、この事業で中古品事業に興味を持つだけでなく、中古品の販売は「粗利が高いだけでなく、規制が少ないため、努力と成果が正比例する」ことを学んだ。

一九八九年のある日、坂本氏は古書店に人だかりがしているのを偶然目にして、中古書店を展開するビジネスを思いついた。中古書をきれいにし、人目を引く清潔な店舗で販売するというモデルだ。営業は長時間行う。いわゆる「中古本のコンビニエンスストア」である。こうした店舗をきちんと管理すれば、三〇店舗程度はすぐに出店できると確信した。

従来の古書店は、収集家が探し求めるような古くて珍しい本を、定価を上回る価格で販売するところが多い。そのため、店主の価値観やセンスによって品ぞろえや価格が決まる。店の雰囲気は薄暗くて、狭い店に山のように本が置かれているイメージが一般的だ。

一方、ブックオフでは、清潔な店舗で、出版されたばかりのコミックや文庫本など、新刊書店でも販売している書籍を、新刊書と同じ状態で新刊書よりも安い価格で販売している。新刊書店では、再販制によって定価販売が義務づけられているのに対し、ブックオフは、そうした規制を受けることなく値づけができた。

本の調達は、近隣から読み終わった本を買い取ることによって対応した。買い取る際には本の希少性などの中身に関係なく外見だけで評価し、誰でもすぐに買い取り価格を決定できる基準を設定した。販売価格は定価の半額もしくは一〇〇円の二種類に限定し、買取時期と在庫量に応じて販売価格と陳列位置を決定する。こうしてブックオフは、新刊書店と比べて圧倒的な低価格の実現に成功した。

図表7-1　ブックオフの事例

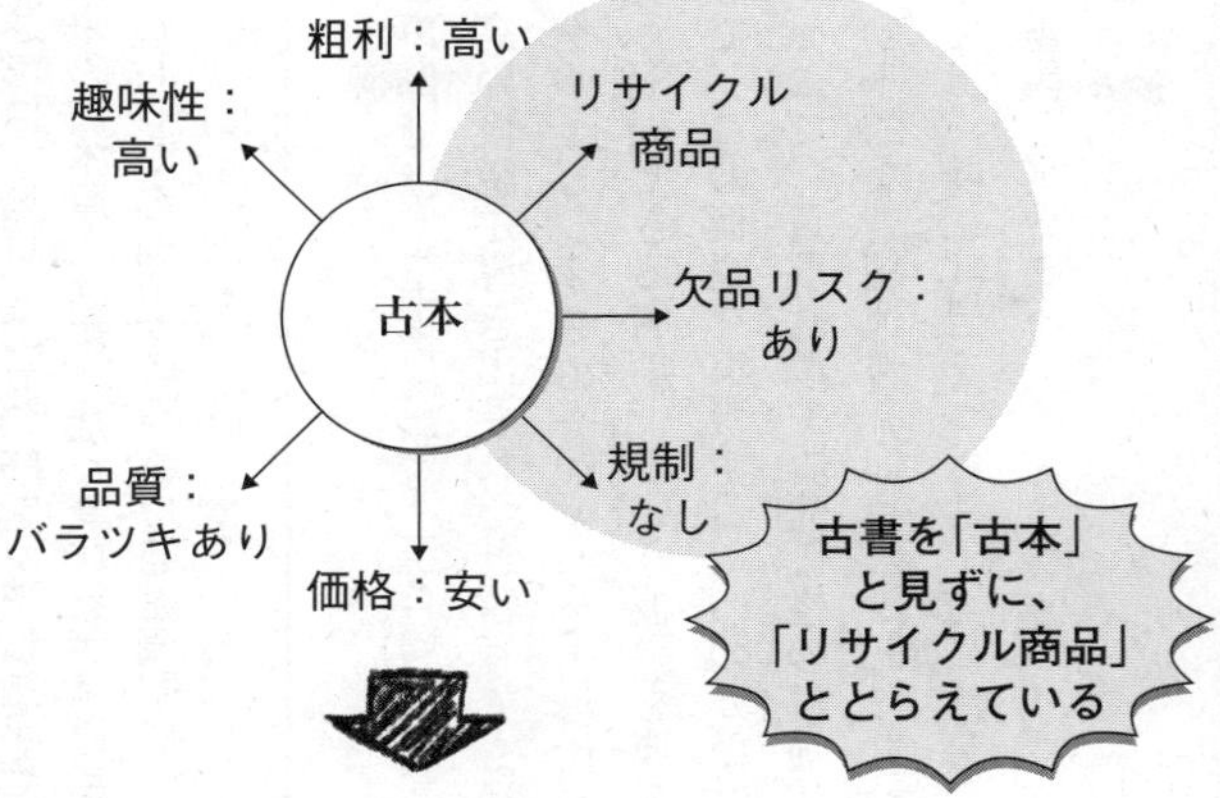
粗利：高い
趣味性：
高い
リサイクル
商品
古本
欠品リスク：
あり
品質：
バラツキあり
規制：
なし
価格：安い
古書を「古本」
と見ずに、
「リサイクル商品」
ととらえている

リサイクル商品としての古本の販売を極大化するやり方は？

中古本のコンビニエンスストア
（新刊書を一般書店よりも安く販売する店舗）

本のコンビニ
・本の調達
・販売
・店内雰囲気

ブックオフでは、チェーン展開を促進するため、店舗運営の手順を効率化した。こうした店舗運営は、地域での売れ筋を反映した品ぞろえを可能にすることにも一役買っている。

従来の古本屋とはまったく異なる店舗運営を行うことで、ブックオフは中古書店チェーンとしてトップの地位を守り続けると同時に、他の中古商品の販売も行うなど拡大を続けている。

この事例では、「中古書販売」というビジネスをどのようにとらえたか、という点から精度の高い仮説が導き出されたと言っても過言ではない。従来の古書店の見方ではなく、リサイクル・ビジネスの一つとして古書店をとらえることにより、「新刊書を一般書店よりも安く販売できる店舗」という仮説を導き出すことができた。

そして、この仮説を実現するためのカギは、中古書籍の調達と低コストでの店舗運営である。そこで、買取基準や販売価格の単純化、陳列位置までも一定の基準で決定できるような、効率的な店舗運営を進めることになったのである。

以下では、特に「目をつける」点に注目して、精度の高い仮説を生み出す目のつけ方についていて解説していこう。

対象を多面的に見る

精度の高い仮説につながるようなポイントに目をつけるには、まず対象を多面的に見ることが必要になる。とはいえ、そのために発想法などで紹介されるようなテクニックを駆使する必要はない。次のことを意識すれば、驚くほど多面的に対象を見ることができる。

それは、

・対象の特性を細かくとらえること
・立場を変えて対象を見ること
・これまでの経験から対象を見ること
・別の対象というフィルターを通して見ること

の四つである。

対象の特性をとらえることで、目をつけるべきポイントを飛躍的に増やすことができる。また、立場を変えて対象を見ることで、さまざまな角度から見ることができる。さらに、経験や別の対象をうまく活用すると、意外な見え方をすることがある。対象の特性をとらえることについては、第4章「データをバラす」で詳しく見たので、ここでは残りについて見ていこう。

図表7-2　緑茶飲料に関わる立場

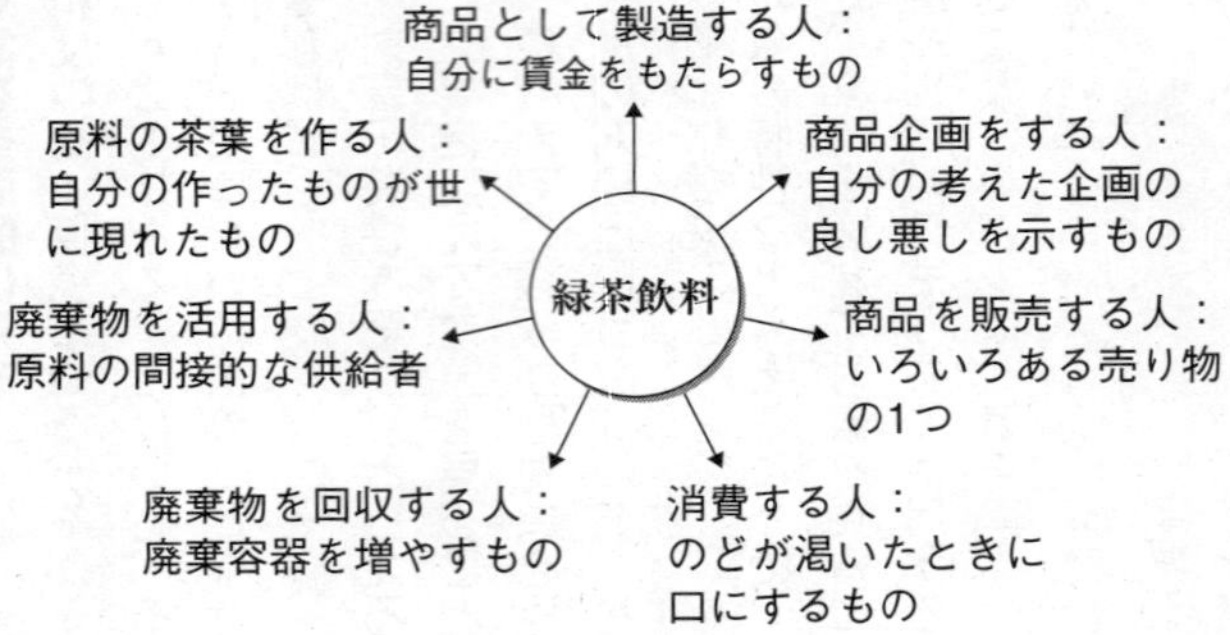
緑茶飲料
商品として製造する人：自分に賃金をもたらすもの
商品企画をする人：自分の考えた企画の良し悪しを示すもの
商品を販売する人：いろいろある売り物の1つ
消費する人：のどが渇いたときに口にするもの
廃棄物を回収する人：廃棄容器を増やすもの
廃棄物を活用する人：原料の間接的な供給者
原料の茶葉を作る人：自分の作ったものが世に現れたもの

立場を変えて対象を見る

多面的に対象を見ることにもっとも影響を及ぼすのは、「どの立場で見るか」である。同じ対象でも、人によって大きくその見方は変わってくる。ためしに、ペットボトルの緑茶飲料を題材にして考えてみよう。緑茶飲料は関わる立場によって、いろいろな見え方をする。考えられる立場と、その立場からどのように緑茶飲料が見えるかを思いつくままに列挙してみよう（図表7―2）。

原料の茶葉を作る人……自分の作ったものが世に現れたもの
商品として製造する人……自分に賃金をもたらすもの
商品企画をする人……自分が考えた企画の良し悪しを示すもの
商品を販売する人……いろいろある売り物の一つ

消費する人……のどが渇いたときに口にするもの
廃棄物を回収する人……廃棄容器を増やすもの
廃棄物を活用する人……原料の間接的な供給者

もちろん、他にも立場は考えられるだろうし、同じ立場でも違った見え方をするかもしれない。重要なのは、緑茶飲料という商品一つを取っても、立場によってとらえ方はまったく変わってくるということだ。対象を多面的に見たいと考えるなら、こうした立場の違いを利用しない手はない。

立場を利用して多面的に対象を見る場合に心がけたいのが、立場を丁寧にとらえるということだ。立場は、「対象とのかかわりの持ち方」と言い換えることができる。このかかわりの持ち方を、できるだけ具体的にしていく。緑茶飲料の例で、仮に立場を「提供者」と「消費者」という二つでしか考えなかったらどうなるだろうか。それでは、「売るもの」や「飲むもの」程度の見方で終わり、前述のような幅広い対象の見方は出てこなくなるだろう。

立場は、さらに具体的なものにすることもできる。たとえば、同じ「消費者」でも、「のどが渇いている人」「食事と一緒に飲むものがほしい人」「口の中をさっぱりとさせたい人」「お茶の風味を楽しみたい人」などとさらに具体化できる。具体化することによって、それぞれの消費者にとっての緑茶飲料の見え方は変わってくる。それだけ、緑茶飲料の見方を多様にすることができるのだ。

これまでの経験から対象を見る

自分がこれまで積み重ねてきた経験は、対象によっては斬新な観点から対象に迫ることを可能にする。前述のブックオフの立ち上げでは、坂本氏がこれまで中古ピアノの販売というリサイクル商品の事業を行った経験があったから、古書をリサイクル商品の一つとしてとらえることができた。

とはいえ、何も対象に関係するような経験を積まなければ、多面的に対象を見ることができないわけではない。異なる経験から得たものをもとに対象を見るほうが、最終的には斬新な観点からの仮説に結びつきやすい。

「自分には似た経験がない」とあきらめてしまう前に、自分の経験を結びつけることができないか、と考えてみることが重要である。

別の対象というフィルターを通す

ヤマト運輸の小倉昌男氏は、著書『経営学』の中で、牛丼チェーン店の吉野家の店舗を見て個人宅配事業への特化を思いついたと語っている。これは、個人宅配事業という対象

図表7-3　吉野家から宅配事業を見る

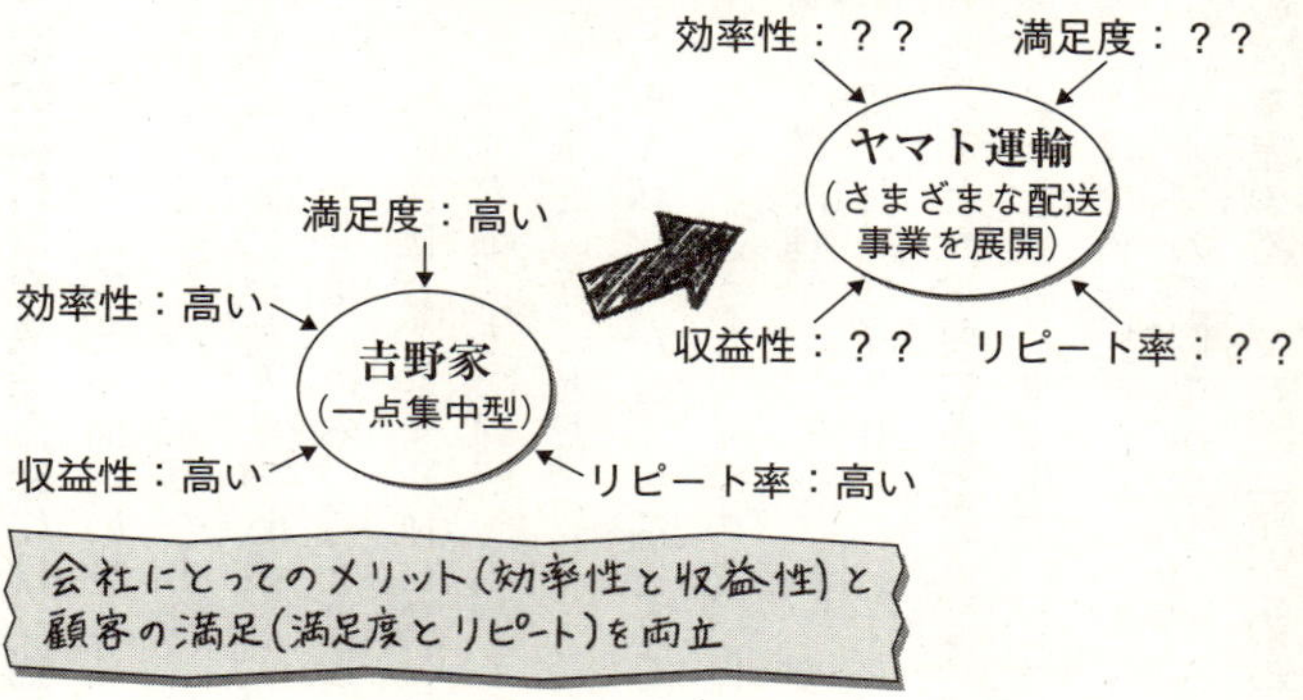

効率性：？？
満足度：？？
ヤマト運輸
（さまざまな配送事業を展開）
満足度：高い
効率性：高い
吉野家
（一点集中型）
収益性：？？
リピート率：？？
収益性：高い
リピート率：高い
会社にとってのメリット（効率性と収益性）と顧客の満足（満足度とリピート）を両立

を、吉野家という別の対象のフィルターを通して見たことにほかならない。自分が見たい対象を、別の対象のフィルターを通すと、いままで気づかなかった見え方を発見することがある（図表7－3）。

　別の対象を通して見ることで、自分では当然と思っていたものが実は当然ではなかったことに気づかされ、明確にならなかった問題意識が明確になるなどのメリットがある。ヤマト運輸の事例でも、小倉氏が当初から可能性をうかがいながらも常識の面から半分否定していた事業特化を、事業として成り立っている吉野家のあり方を見て、個人宅配事業の仮説を築く上での着眼点としていったのである。

多面的に対象を見るためには、対象の正確な理解が必要

このように対象を多面的に見ることができれば、ユニークな着眼点を発見することが容易になる。そのために重要なのは、対象を正確に理解することである。

物事を正確に理解しているように感じていることでも、実は正確に理解していないことも多い。たとえば、いろいろな硬貨の中から、一〇円硬貨を選ぶことは誰でもできる。しかし、一〇円硬貨の絵を正確に描ける人はほとんどいないだろう。日常的に接しているものであっても細部まで理解しているわけではなく、他の硬貨と識別する程度の理解にとどまっているということだ。

もちろん私たちが日常生活を送るには、たいていのものは識別できる程度の理解で何の支障もない。しかし、精度の高い仮説を導くようなポイントに目をつけようとするなら、対象の正確な理解はどうしても必要になる。細部の特性に目をつけることができなければ、精度の高い仮説を導き出すことはできない。立場を変えて見る場合にも、細部に目を行き届かせることが重要になってくる。前述のお茶に関わる立場を考える場合でも、緑茶飲料がどのような流れで世に出て消費されていくのかを理解していなければ、多様な立場を挙げることはできない。

ブックオフの事例を振り返ってみよう。坂本氏は、ブックオフを立ち上げる際、これまでの古本屋の持っていた「店主の趣味性が高い」「古臭い」「価格設定が不明確」などの特

徴には目を向けなかった。坂本氏が目をつけたのは、リサイクル商品の一つとしての「価格が安い」「規制が少ない」「きれいにすれば高い粗利が確保できる」などの特徴である。こうした観点から古書販売事業を見ることは、リサイクル商品についての深い理解がなければ難しい。仮にリサイクル事業の理解が不十分な人が「リサイクル事業として古書販売を見よう」と考えたとしても、坂本氏と同じように目をつけることはできないだろう。

見る対象自体を変えてみる

目をつける際、何も仮説を立てたいと思っている対象そのものを見る必要はない。むしろ、少し違った対象を見ることによって、そこから意外な仮説を生み出すことができる。

たとえば、花王のヘルシア緑茶の開発などは、その代表的な例である。

花王では、一九八〇年代から取り組んできた栄養代謝の研究を応用して、二〇〇〇年ごろから健康的な暮らしに貢献する商品を生み出そうと考えていた。とりわけ、油や調味料以外で、手軽に利用してもらえる食品を想定していた。そうした食品の候補を想定するため、製品カテゴリーや素材、利用シーンなどを考えた結果、候補として着目したのが「ポリフェノール」という素材だった。ポリフェノールの持つ体脂肪低減能力のうち、もっとも優れた効果を発揮するのが緑茶だと突き止め、栄養代謝飲料としての「お茶」を開発することに決定した。これが、「ヘルシア緑茶」である。

同じ緑茶飲料のカテゴリーである冒頭の「伊右衛門」の事例と、仮説を立てる際の目のつけ方に注目していただきたい。両者の仮説立案のプロセスを見ると、出発点である見る対象が違う。伊右衛門は「お茶」をどのように見るかから始まり、ヘルシアは「手軽に栄養代謝を促す食品」をどのようにとらえるかから始まっている。この二つの事例から言えることは、必ずしも仮説で導きたい対象を見なくてもよいということだ。違った対象からアプローチすることで、独自性のある仮説を導くことの可能性を示唆している。

商品開発のシーンで考えてみよう。私たちはどうしても「開発したい商品」をどのように見るかから出発し、ダイレクトに対象を見て仮説を導こうとすることが多い。もちろんこうした出発点から伊右衛門のような大ヒット商品が生まれることもある。しかし、そもそも「開発したい商品」とは異なる観点からアプローチすることを意識してみてもよいだろう。ヘルシア緑茶のように機能面だけでなく、利用者の行動面などから出発することも可能だ。ミネラルウオーターのヒット商品「い・ろ・は・す」は、飲み終わったペットボトルの処理という消費者の行動に目をつけた典型例である。

多面的に見た結果から、目のつけどころを選ぶ

こうして多面的な視点で対象を見て、その上でどこに目をつければよいかを決めていく。たとえば、ブックオフの事例でも分かるように、古書店をとらえる視点はさまざまで、坂

本氏はこの中から「リサイクル商品」という目のつけどころを選び、新たな事業に対する仮説を導くまでに至った。このように、多面的に対象を見ることをもとに、着眼点を決めていく。こうした着眼点を決める際のポイントは、「比較」と「自分の関心」の二つをいかに組み合わせていくかだ。

では、それぞれについて見ていこう。

着眼点を決めるには比較が不可欠

どこに目をつけるかを決める際には、単に印象レベルで選ぶのではなく、比較をしながら選ぶことが必要だ。小売店の売上減少の原因についての仮説を立てたい場合、売り上げを見るための特性を洗い出す中で、売り上げの変化のもっとも大きな特性は何かを、他の特性と比較しながら選び、仮説へと結びつける。こうした比較を行わずに、単にある特性がおもしろそうだから、それに飛びついてしまうとムダな仮説になりかねない。

自分なりの問題意識を持つこと、そして発想を柔軟にしておくことは重要だが、同時に目のつけどころとして選ぶ際には、冷静に比較による裏づけを取っておくことが必要になる。

目をつける原動力は関心

精度の高い仮説につながるような着眼点を探すためには、考え方を工夫するだけでは不十分だ。その対象に対してどれだけ関心を持つかも、大きなポイントになる。関心がなければ新商品を開発しようとしてもありきたりのことしか思い浮かばないだろうし、戦略も陳腐なものになってしまう。本書で事例として紹介したものには、すべて対象に対する関心の深さ、当事者意識の高さが現れている。「伊右衛門」のように、わざわざチームメンバーで京都へ旅するなどは、日本人にとってお茶とはどういうものかを突き詰めてみたいという関心がなければできないことだ。

では、どうすれば関心を持つことができるのか。それは対象に深くコミットすることにほかならない。

経営者は自分の会社の細かい部分にまで目がとどく、という話をよく耳にする。財務状況からオフィスの状態に至る細かいレベルまで、実によく見ているということだ。経営者がこうした会社の問題に気づくのは、経営者になる人間は特に細かい性格だからというわけではない。会社に対するコミットが人一倍強いからだ。少しでも会社をよくしたい、会社の悪いところがあればすぐにでも改善したいという思いがあるから、細かいところまで目がとどくのである。コミットが強ければ、対象の細かい部分も見逃すことはない。「伊右衛門」も、開発しようとしている緑茶飲料と一心同体になったから、あのような仮説に至ったのである。対象にコミットするという意識を忘れては、精度の高い仮説を生み出すことはできない。

同時に、日頃から関心の幅を広げておくことも重要だ。どのような発想も、ベースとなる知識がなければ生み出すことはできない。ベースとなる知識を得るために、関心のある領域や業務に関連する領域だけでなく、あまり関心や関連のない領域に対しても、無理をしてでも触れておくことは有効だ。

また、単に幅広く情報に触れるだけでなく、気になった情報にアンテナの方向を合わせておくことも忘れてはならない。セブン-イレブンでは、商圏内の行事に関する情報に対してもアンテナの方向を合わせておいた結果、精度の高い仮説につながることが多いと言う。「何かをやっているな」「こんな情報があるな」のレベルですませるのではなく、何かあればすぐに引き出せるように、ささいなことでも気にかけておくとよいということである。

関心を持ったところを比較し、目のつけどころを決める

目のつけどころを決める際、「比較」と「関心」をどのように活用すればよいだろうか。

それは、まず自分が重要だと思う特性に仮置きで目をつけておいて、比較しながらそこに目をつけるべきかどうかを決めていくという流れだろう。「比較する」となると、いきな

図表7-4　宅配事業の見方

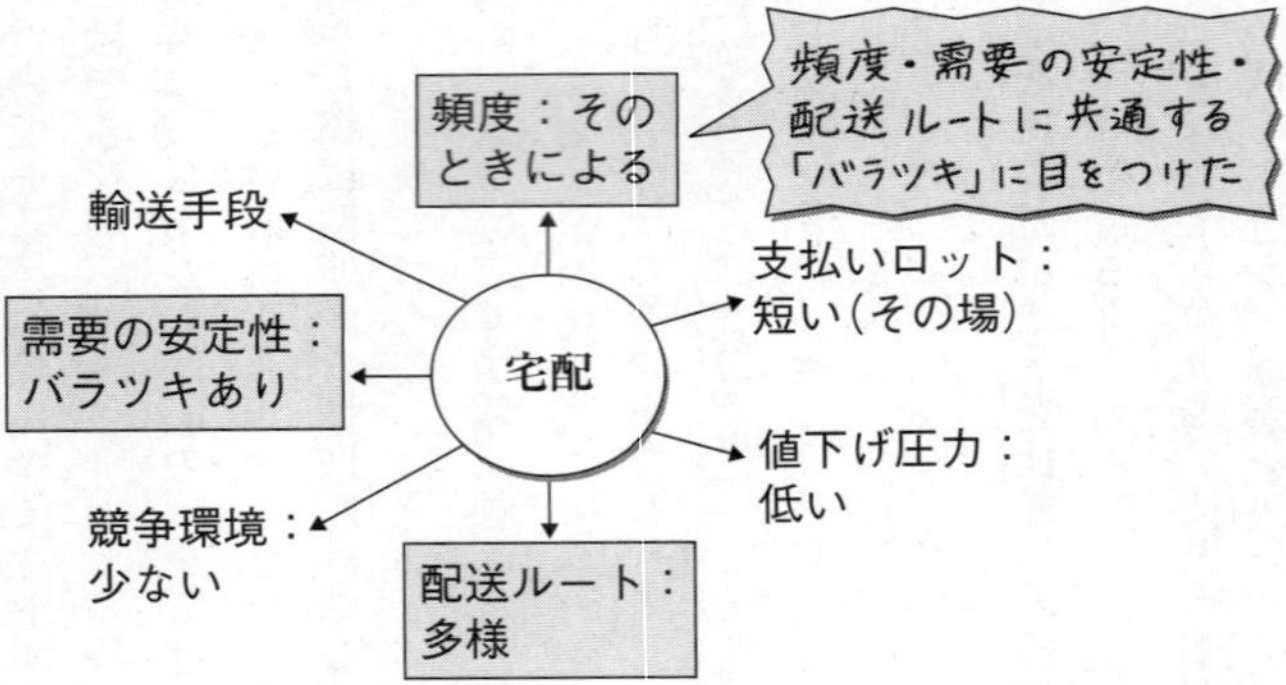

頻度・需要の安定性・配送ルートに共通する「バラツキ」に目をつけた
頻度：そのときによる
輸送手段
支払いロット：短い（その場）
需要の安定性：バラツキあり
宅配
値下げ圧力：低い
競争環境：少ない
配送ルート：多様

り何でも比較してしまおうとする傾向があるが、重要なのは自分の感覚である。その感覚をチェックする意味で比較していくとよい。

仮にPOSデータの結果をもとに目のつけどころを決めようと思っても、漫然とデータを比較するだけではどこに目をつけてよいか分からない。「時間帯で売り上げに違いがありそう」「この商品の売れ行きはおかしい」という関心を持って、実際にそうなのかを確認するから、目のつけどころが決まるのである。決してデータを比較するだけですべてが機械的に決まると思わないことだ。

目のつけどころを組み合わせる

目のつけどころを選ぶといっても、視点を一つにしぼらなければならないというわけではない。ブックオフの事例は、「リサイクル商品」の特徴に関連する視点をいくつか組み合わせて問いを立て、仮説を導き出している。

また、複数の目のつけどころを選んでおくと、そこで思わぬ共通点を見出すことが可能になる。たとえば、ヤマト運輸の小倉氏が個人の宅配事業に参入する際には、その特性を多面的にとらえた。ただし、それらの特性のうち、どれか一つにしぼって個人宅配事業をとらえていては、当時の通念となっていた「儲からない」「魅力がない」という結論につながっていただろう。小倉氏は、「配送先は個人宅」「配送依頼のタイミングがバラバラ」「配送量が安定しない」といった特性に共通する特徴を「バラツキが多い」ととらえた。こうすると、個々では「儲からない」代名詞のような特徴も、事業化を進める際の大きなヒントとして活用できるものになる（図表7-4）。

このように目のつけどころを決めていくわけだが、ここで注意しておきたいのは、誰も思いつかないような視点を探そうと無理をする必要はないということだ。そこに労力をかけても、比較できなかったり裏づけが取れなければ、精度の高い仮説には結びつかない。少し視点をずらしてみたり、特定の視点に焦点を当ててみると、意外にユニークな目のつけどころを見つけ出すことができることもあるのである。

第8章　問いを立てる——問いの立て方で仮説のクオリティは決まる

ブレなく踏み込んだ仮説を導くための問い

ある対象をさまざまな角度から見て、比較対象と比べながら「ここに目をつけるとよさそうだ」と思えるポイントを決めたら、次は答えるべき問いを考える。目のつけどころが決まればそのまま仮説を考えてしまってもよさそうだが、冷静に「いま何に答えるべきか」を振り返ることは、仮説の精度を高めるのに欠かせない。では、どのような点で、仮説の精度が高まるのだろうか。

一点目は、仮説の粗製乱造を避ける、つまりブレのない仮説を導くことができるという点だ。ある対象をさまざまな角度から見たり、比較したりすると、いろいろな発見があって、頭の中は熱くなっている。そのような状態でいきなり仮説を考えようとするとどうなるか。おそらくさまざまな仮説を考えつくことができるだろう。中には、一見斬新に見える仮説もあるかもしれない。しかし冷静になってそれらの仮説を見てみると、多くは「使

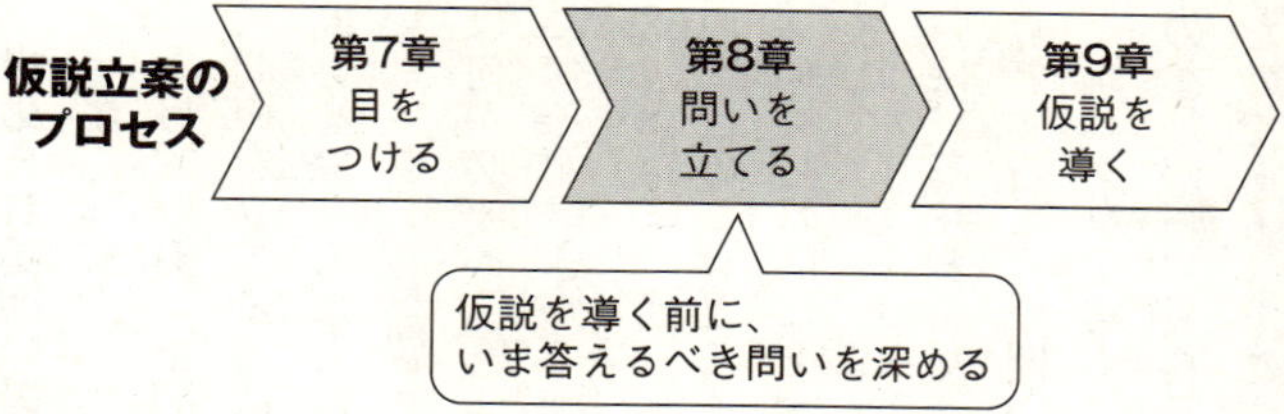
仮説立案のプロセス
第7章
目を
つける
第8章
問いを
立てる
第9章
仮説を
導く
仮説を導く前に、
いま答えるべき問いを深める

える」域から程遠い。そもそも仮説を立てる目的から大きくそれたものだったり、裏づけの一部しか反映されていないものだったり、検証の仕方が考えつかないようなものだったりすることが多い。こうした、一見使えそうで実際には使えない仮説ではなく使える仮説を立てるために、一息置いて問いを立てることが必要になるのだ。ブックオフの事例でも、古本屋を多面的に見たとき、興味本位で「どんな趣味の店主が多いだろうか？」という問いに対する仮説を立ててしまったら、新しい事業の創造には役に立たない。

もう一点は、問いを考えることで仮説を深めることができる点だ。問いの形にすることで、自分の分からないこと、知りたいことを一段掘り下げることができる。逆に言えば、問いを見れば、自分の考えの深さがどの程度なのか、仮説が踏み込んだものか思いつきレベルなのかが分かるということである。伊右衛門の事例でも、「本格的な茶飲料はどのようなものか？」という問いと、「本格的な茶飲料で提供すべきものは何か？」という問いでは、どちらが踏み込んだ仮説となるかは一目瞭然だろう。

求められる問いの条件

仮説思考において求められる問いの条件として、次の三点を挙げることができる。

①目的に沿った問いで、ベクトルを合わせる

問いを立てる目的はもともと、仮説の精度を高めるためであるので、その目的に合った問いを立てることは最低限必要である。新商品や企画に関する仮説を立てるのが目的なら、「どのような新商品・企画がよいか?」、事業立ち上げなら、「何が成功要因か?」「成功には何が必要か?」、問題解決に関する目的なら、「何が問題か?」「この問題を解決するのに何をすべきか?」といった問いになるはずだ。こうした問いから外れたものになっていないかどうかが、求められる問いの条件の一番目である。

②目のつけどころを反映した問いで、問いの焦点を合わせる

いくら目的に合った問いを立てたとしても、これまで培ってきた目のつけどころが反映されていなければ、やってきたことがムダになる。目のつけどころの反映されていない問いは、漠然とした一般論になりがちである。そうならないためにも、目のつけどころを基点とするような問いが求められる。

ユニクロが第1号店を出店する前、柳井正氏は米国の大学生協を見学していた。そこでの体験から、衣料品も買いやすさが重要だと考えた。つまり、「買いやすさ」に目をつけたのである。そこで、出店の際に立てた問いは、「カジュアルウエアを買いやすくするにはどうすればよいか?」である。ここで、「新規店舗」のほうに興味が向いてしまえば、「その地域にないような店舗はどのようなものか?」とか、「成功する店舗はどのようなものか?」という一般レベルの問いで終わる。そうした問いからは、決してユニクロのような店舗が生まれることはなかっただろう。このように、目のつけどころを反映した問いを立てることで、より焦点をしぼった仮説、さらには行動に進むことができる。

③答えられる問いで、想像レベルの仮説から脱却する

問いの内容がいくら知りたいことだとしても、想像でしか答えが得られないようでは、精度の高い仮説にはつながらない。実践的な答えが出るような問いになっているかどうかも、問いの条件としては重要である。たとえば、新しいコンセプトの新製品を発売するという目的に沿って、「この新製品は売れるか?」という問いを立てても、実際に発売してみなければ分からないため、答えとしての仮説は想像レベルを超えない。そうではなく、「似たような新規性の高いコンセプトの商品は、どの程度の成功確率か?」という問いならば、裏づけを持った仮説を導くことができる。現状からどんな検証をしても仮説が変わらないような問いは、問いの内容自体を変えていかなければならない。希望的観測を問うのではなく、少しでも事実に即して答えられるような問いにする必要がある。

漠然としか答えられない質問を、答えられる問いに変えた例として、ヤマト運輸が個人宅配事業の収益性に関する仮説を導いた事例がある。

小倉氏は、宅配便事業の収益性に関し、拠点間の配送ネットワークでどの程度荷物が流れれば採算が取れるかを考えた。つまり、どの程度の配送量で収益を確保できるかという仮説を立てようとした。

しかし、単純にネットワーク単位での収益性を判断するのは難しい。悩んでいた小倉氏は、たまたま出張先のニューヨークでUPSのトラックが各ブロックに停まっているのを見て、トラック単位でどの程度売り上げを上げればよいかをつかめば、収益性をとらえられると考えた。

宅配便事業の配送ネットワークの収益性を判断する際、単に「ネットワークの収益性はどの程度か？」という問いを立てても、答えとなる仮説は導き出せない。もちろん、当てずっぽうの仮説なら立てられるだろうが、そこでの収益性の見込み違いは、事業に大きな影響を及ぼすので、できるだけ精度を高めたい。そこで小倉氏は問いを変えた。米国出張の際、同じ配送業を営むUPS社のトラックを見て、「どの程度の持ち場面積なら、採算性の見込める集配荷量を確保できるか？」という問いに踏み込んだのだ。この問いであれば、面積あたりの見込み客数と集・配荷の量を算出すればよく、あとはトラック一台あたりのコストと比較すれば採算性を判断できる（図表8－1）。

ここで重要なのは、自分の立てた問いに答えが出そうにないなら、無理にその問いにこだわらないということだ。あまり最初に立てた問いに拘泥してしまうと、仮説が導き出せ

図表8-1　答えられる問いへの進化

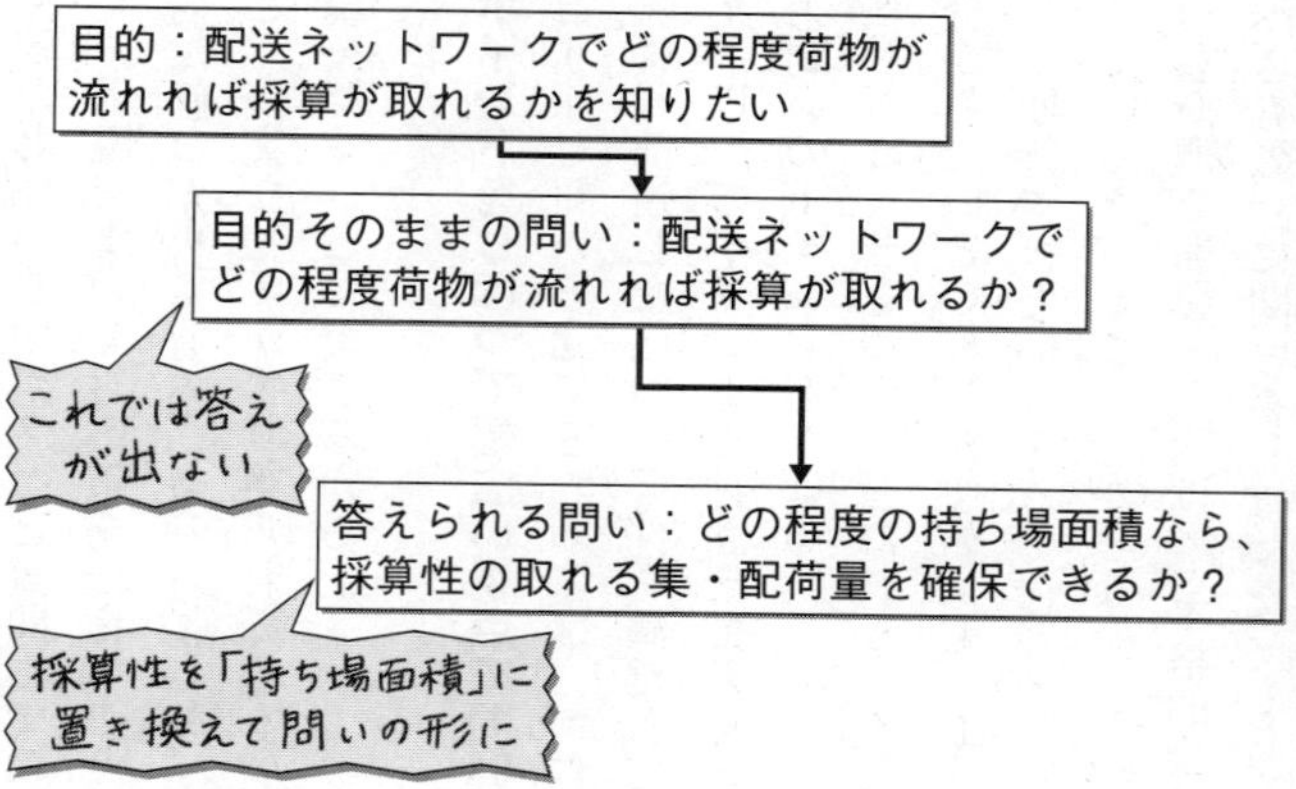
目的：配送ネットワークでどの程度荷物が流れれば採算が取れるかを知りたい
目的そのままの問い：配送ネットワークでどの程度荷物が流れれば採算が取れるか？
これでは答えが出ない
答えられる問い：どの程度の持ち場面積なら、採算性の取れる集・配荷量を確保できるか？
採算性を「持ち場面積」に置き換えて問いの形に

なくなってしまったり、裏づけ不足で精度の低い仮説に終わってしまうことになる。小倉氏は、拠点間のネットワークでどの程度の荷物が流れれば採算が取れるのか、という問いの答えが出ないと分かると、その問いには固執せず、別の問いを立てている。このように無理に答えを出そうとしたり、一つの問いに拘泥する必要はない。

　また、得られる答えの具体性にも注目する必要がある。漠然とした答えしか得られない問いよりも、少し本題から遠くても正確な答えが得られる問いのほうが、結果的に精度の高い仮説につながる。電話で商品不具合に関する苦情を受けたときのことを考えてみよう。その際、なぜ不具合が生じたのかという仮説がなければ、適切な対応はできない。そこで苦情を言ってきた人に対して、「何が不具合の原因だと思いますか？」と質問してみたとしよう。ここで的を射た回答を得られるなら、すぐに仮説を導いて対応策を伝えることができる。しかし、勘違いや知識不足により、的を射た回答が得られない可能性のほうが高い。そこで「使用環境は？」「使用時間は？」など、確実な答えがより得られそうな質問をする。そうしたほうが、結果的に精度の高い仮説を導くことができるからだ。

ポイントをしぼって幅広い視点で問いかける

こうした問いを立てるためには、何に注意すればよいのだろうか。もちろん問いを立てる際に、前述した三つの条件を満たしているかをチェックすることは必要である。それに加え、以下のポイントを押さえておくとよい。

①問いのポイントをしぼる

私たちは、無意識のうちにいろいろなポイントを含めた質問をしてしまったり、何となく分からないという理由で質問してしまう癖がある。そのような問いでは、漠然とした答えしか期待できない。そうではなく、分かっているポイントは質問しないで、「ここは分かっているが、ここは分からない」と、はっきり限定していくとよい。

伊右衛門を開発する際は、「本格的な日本茶」の中でも、「本格的な日本茶によって提供すべきもの」に問いをしぼった。もちろん、「本格的な日本茶」に関する仮説を立てるとき、「成分」「産地」「アピールの仕方」等、さまざまな観点を含んだ問いを立てることも可能だ。しかし、問いの範囲をあえて限定することで、目のつけどころを反映した、焦点の合った問いを立てることが可能になる。一方、第3章の事例で紹介した熟茶では、「本格的なお茶とは何か？」としぼり込んでいない問いを立ててしまった結果、仮説も漠然としたものとなってしまった。

自分の知りたいことは結局何なのかを、問いを考える際に突き詰めておくことが踏み込んだ仮説につながるということだ。

②問いのバリエーションの引き出しを持つ

分からないポイントにしぼった問いを実現するには、問いかけ方のバリエーションを豊富に持つことが欠かせない。

バリエーションの持ち方の一つに、5W2H（What、Who、Where、When、Why、How、How much）がある。自分はいま5W2Hの何を知りたいのかを明らかにしてみると、ポイントのしぼられた問いを実現できる。「商品の発注が悪い」という状況に対して、5W2Hの視点があれば次のような問いを立てることができる。

・どの商品の発注が悪い？（What？）
・どのタイミングの発注が悪い？（When？）
・どこでの発注が悪い？（Where？）

・どのようなやり方の発注が悪い？（How?）
・発注が悪いせいでの損害はいくら？（How Much?）
・なぜ発注が悪い？（Why?）

こうした問いの引き出しを持っておくことで、自分の知りたい仮説を導く問いになっているか、さらには問いが十分意味あるものか、をチェックすることができる。

これらのバリエーションは基本的なものだが、こうしたパターンを自在に使いこなせるようになると、問いの幅が驚くほど広がることになる。

③仮定を置いた問いかけで発想を広げる

問いかけの工夫として、ある部分は仮定を置いてしまって質問するという方法もある。その代表例がWhat if?という問いかけだ。状況を仮定した状況でどうなるか、という問いである。「経済環境が悪化したら、顧客のニーズはどのように変化するか？」というような形で問いを立てられれば、仮説もより独自性を持ったものや踏み込んだものとなる。

仮定を置いた問いかけは、斬新な問いを立てる際にも有益だ。伊右衛門の事例で、顧客に対してインターネットで行った調査の質問を思い出していただきたい。「日本で日本茶を飲んではいけないという法律が成立したとします。あなたはどのように感じますか？」というものだった。こうした極端な仮定を置いた質問は、単に「あなたにとって日本茶はどの程度生活で重要なものですか？」というありきたりの質問に比べて、より本心が反映された回答を得られる可能性が高い。それは、極端な仮定が日本茶の存在意義を真剣に考えることを促しているからだ。

私たちが仮定を置く際、無意識のうちにブレーキを踏んでしまって、ありきたりの状況を想定した問いを立ててしまうことが多い。それでは、斬新な問い、さらには独創的な仮説につながらない。その際に注目しておくとよいポイントとして、以下の二つがある。

制約を明確にした上で仮定する

仮定を置いた問いかけと言っても、ひとりでに制約条件を設けてしまって、実はあまり仮定できる部分の幅を広げられないことが多い。商品の販促をするのに、投入できる広告費は所与のものだと考えてしまったり、プロジェクトの問題を考えるときに、同じメンバーでプロジェクトを進めなければならないと仮定して仮説を導いてしまうなどは、その典型的な例である。

仮定を置くとき、どこまでの条件を所与のものと考えるか、どこから脱却できるかによって、斬新な問いになるかは変わってくる。その際、何が制約となっているかを明確に認識することが必要である。何となく「実際にはいろいろな制約があって……」と考えていると、制約条件にしばられて結局、何もアイデアが生まれてこないことになる。逆に「ここは自由に考えよう」と言われたとしても、制約条件をつかめていなければ、無意識のうちに制約にしばられて極端な仮定を置くことはできない。まずは制約を明確にした上で、その制約を取り払ったり極端なレベルにしたりしてみると、仮定を置いた、より斬新な問いにつなげることができる。

極端な仮定を置いてみる

仮に仮定を置く幅を広げたとしても、その中で現実的なレベルの仮定しか置けなければ、斬新な問いにはつながらない。前述の伊右衛門の調査の質問でもあったように、かなり極端と思えるくらいの大胆な仮定を置いてみるのも一つの方法である。たとえば、商品の改良を検討している際、「現在の顧客のニーズが変化する」という程度なら、ありきたりの仮定である。「現在の顧客がこの商品をまったく買わなくなる」という仮定を置いてみると、「現在の顧客がこの商品を買わなくなるのは、どのような状態になったときか?」という問いが生まれ、導き出される仮説はより斬新であり、商品改良のヒントになるだろう。

Yes/Noで答えられる問いは仮説に役立たない

仮説立案で問いを立てる際に注意すべき点がある。答えを「Yes」や「No」で限定するような問い方をしない、ということだ。たとえば、「この店舗の売り上げが芳しくないのは、立地条件が悪いからではないか?」というような問いだ。このような問いは、自分の中ですでに答えが用意された仮説があって、単にそれを確認するために質問しているにすぎない。つまり、仮説を導く前に、すでに仮説を決めつけている状態である。仮に、この質問に対する答えが「Ｎｏ」だった場合、一から状況を見直さなければならない。それでは、しらみ潰しに原因を挙げてチェックしているのと同じことだ。

私たちが知りたいのは、「この店舗の売り上げが芳しくないのは立地条件が悪い」かどうかではなく、「この店舗の売り上げが芳しくない」原因である。問いを立てる際には、「Ｙｅｓ／Ｎｏ」で答えられる質問でないものを考えたい。その意味でも、５Ｗ２Ｈのどこを質問しているのかを明確に意識するとよい。

漠然とした問いを掘り下げていく

いきなりしぼり込んだ問いを立てるのは難しい。そこで、まずは漠然としたレベルで問いを立て、目のつけどころを考慮しながら掘り下げていくとよい。その思考プロセスを、ヤマト運輸の小倉氏が個人宅配事業への参入を決断した際の事例をもとに見ていこう。

> 小倉氏が宅配便事業に目をつけるまで、個人宅配事業は「儲からない事業」と考えられていた。法人相手の配送と違い、配送先は個人宅でさまざま。またいつ配送の依頼があるか分からないし、配送する荷物の量もまちまちだ。何より、一件あたりの集荷・配荷量が少ないので、配達効率が悪い。当時ヤマト運輸が得意としていた百貨店の荷物の配送ですら収益性が悪化している中、こうした個人宅配の持つ特徴を考えれば、儲からない事業と感じるのはある意味当然のことだった。

小倉氏はこうした個人宅配事業の特徴を認めながらも、同時に別の観点からもこの事業をとらえていた。価格がある程度決まっている上、相手が主婦なので極端な値引きを求めるケースはほとんどない。また、その場で決済となるので、集金の苦労もない。さらに、競合は郵便局だけというのも魅力である。

小倉氏は、個人宅配が儲からないとされる原因の多くは、個人相手の商売ゆえに発生するバラツキ（需要の読みにくさ）にあるととらえ、そのバラツキを極力少なくするためにはどのような事業展開が必要であるかを考えた。そこで得た結論は、個人単位の顧客ととらえずに、地域単位のマスとしての顧客、ひいては荷物ととらえることであった。

こうして、ヤマト運輸の基本的な事業モデルは決定した。すなわち、地域管理を行い、主婦がよく利用する精米店や酒販店を取次店とする階層的な集・配荷ネットワークを構築する。こうしたモデルを磨き上げて、宅急便の事業を軌道に乗せることに成功した。

この事例でも、第7章のブックオフの事例と同様、個人宅配事業をどうとらえるかがまず一番目のポイントである。小倉氏は、個人宅配事業の特徴を、単に「儲からない」とくくるのではなく、「バラツキ」のある事業だということを見抜いた。

ただ、バラツキに目をつけただけでは、事業として成立しない。そこで小倉氏は問いも工夫している。「バラツキを少なくするための事業展開は？」という問いだ。ここで、無理に「需要を読みやすくするやり方はないか？」などの問いを立てていたら、おそらくア

図表8-2　ヤマト運輸の事例

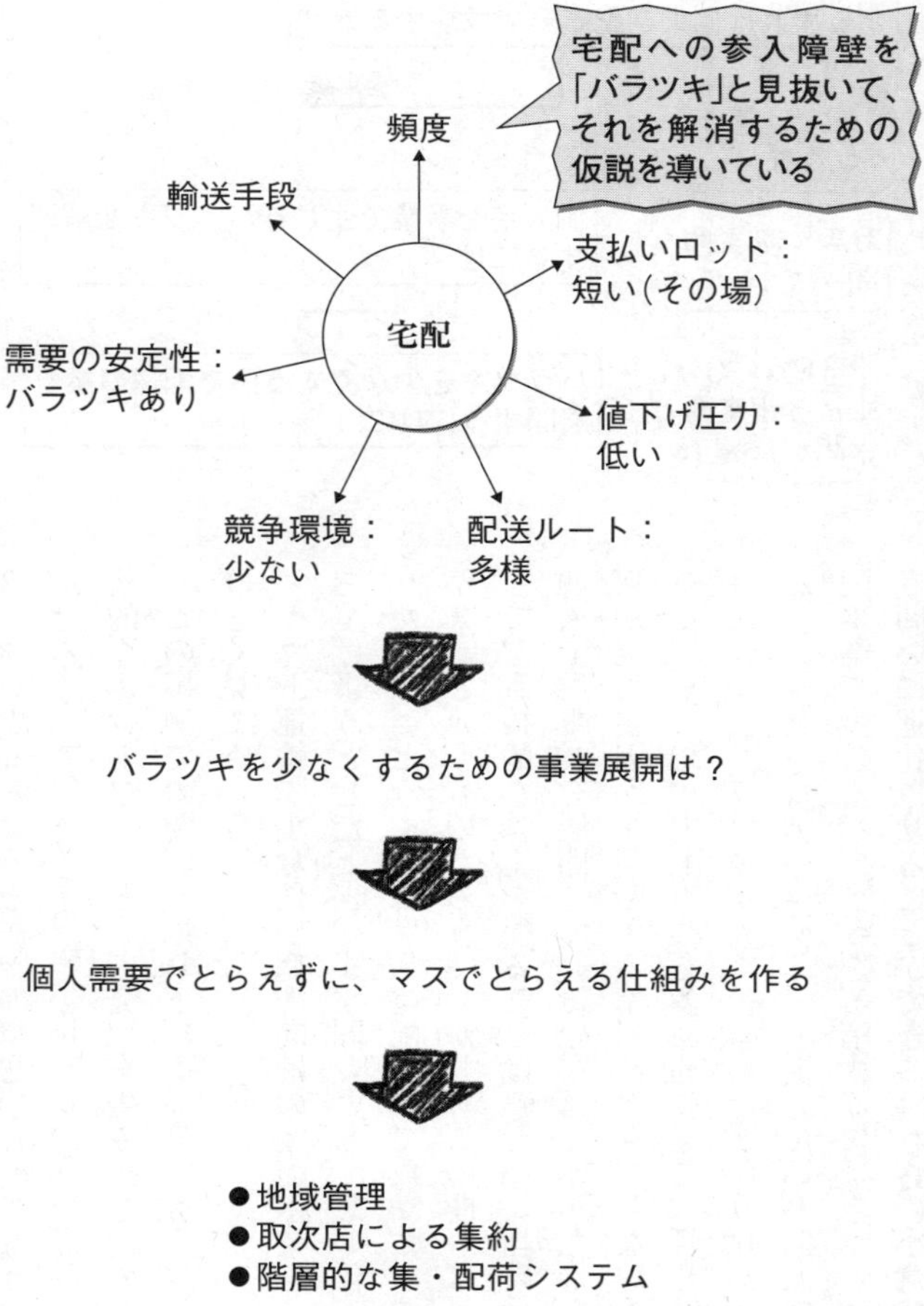
宅配への参入障壁を「バラツキ」と見抜いて、それを解消するための仮説を導いている
頻度
輸送手段
支払いロット：短い（その場）
宅配
需要の安定性：バラツキあり
値下げ圧力：低い
競争環境：少ない
配送ルート：多様
バラツキを少なくするための事業展開は？
個人需要でとらえずに、マスでとらえる仕組みを作る
●地域管理
●取次店による集約
●階層的な集・配荷システム

図表8-3　問いの進化

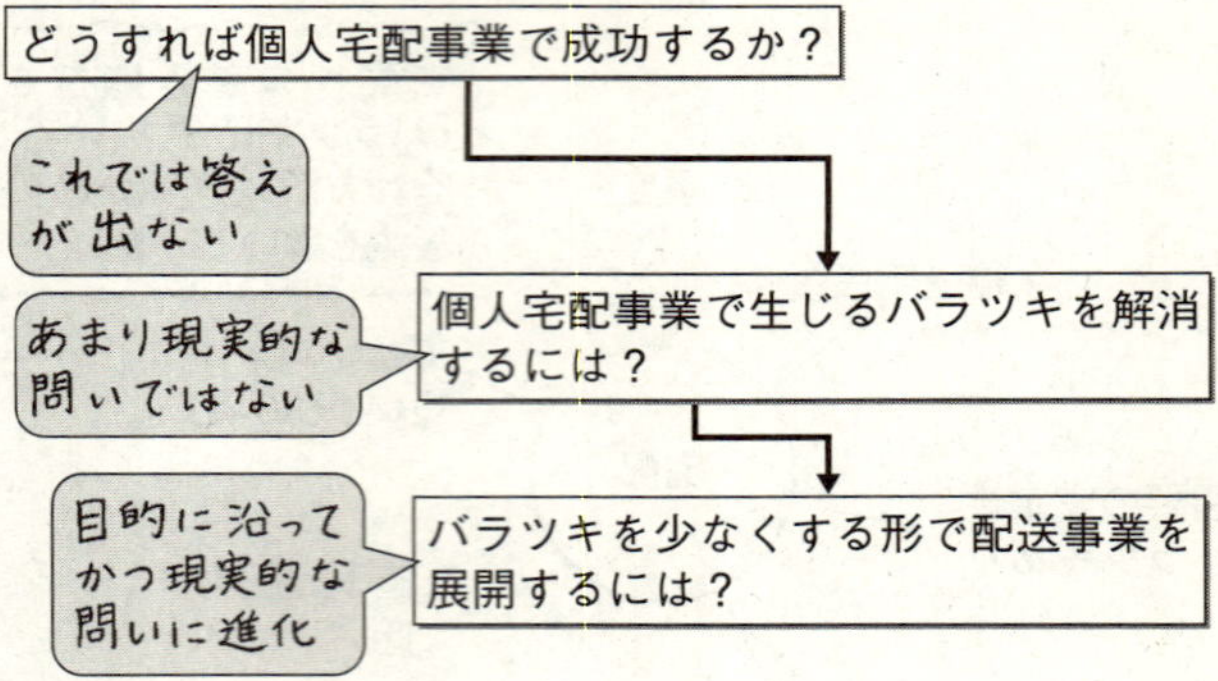
どうすれば個人宅配事業で成功するか？
これでは答えが出ない
個人宅配事業で生じるバラツキを解消するには？
あまり現実的な問いではない
バラツキを少なくする形で配送事業を展開するには？
目的に沿ってかつ現実的な問いに進化

クションとなるようなモデルは思い浮かばなかっただろう。「バラツキの極小化」という視点が階層的なネットワークという発想を生み出したのだ。

この事例での問いを掘り下げる部分をもう少し詳しく見てみよう。

ヤマト運輸で小倉氏が個人向けの宅配事業を立ち上げようとしたとき、まず問いとして思い浮かべたのは「どうやれば個人宅配事業で成功するのか？」というものだろう。しかし、この問いに対して、直接的な答えを得ることは難しい。当時は個人宅配事業を展開している企業はなかったから、何が成功要因かを判断する情報など存在しないからだ。そこで、宅配事業を多面的に見て、目をつけたのが「バラツキが大きい事業」という点だった。こうした目のつけどころがあれば、「個人宅配事業で生じるバラツキを解消するには？」という問いに進化させることができる。さらに小倉氏はバラツキを解消するという発想から、バラツキを無視できるような形で事業展開するという発想に転換して、最終的に「バラツキを少なくする形で配送事業を展開するには？」という問いに進化させていったのである（図表8―3）。

このように、当初は漠然としたレベルの問いでも、目のつけどころや仮説を立てようとしている目的をもとに深めることで、より踏み込んだ問いへ進化させることができる。こうした問いこそが、精度の高い仮説につながっていくのである。

第9章　仮説を導く——裏づけと問いを反映した仮説にする

仮説を導くには「問い」と「裏づけ」が必要

問いを立てたら、次はいよいよ仮説を導く。仮説を導くために何が必要になるだろうか。一つは、前章で紹介してきた「問い」である。問いは仮説を立てようとする目的に加えて、対象を見たときに「おかしい」「興味深い」と感じた箇所を反映したものだ。こうした視点が欠けたまま仮説を導こうとすると、自分の問題意識や対象への見方が反映されない、平板な仮説となってしまう。前章で触れた通り、問いをしっかり立てることにより、問題意識の反映された仮説となる。また、問いがあれば、仮説は「問いに対する答え」となる。その意味で、問いによって仮説がピント外れでないかのチェックができるようになる。

単に問われたことに対してどのように答えてもよいのなら、それは単なる思いつきにすぎず、仮説でも何でもない。第3章で紹介した仮説の定義に基づくと、現時点で持っている知識や情報をもとに、もっとも正解に近いと思われる結論が仮説となる。つまり、仮説

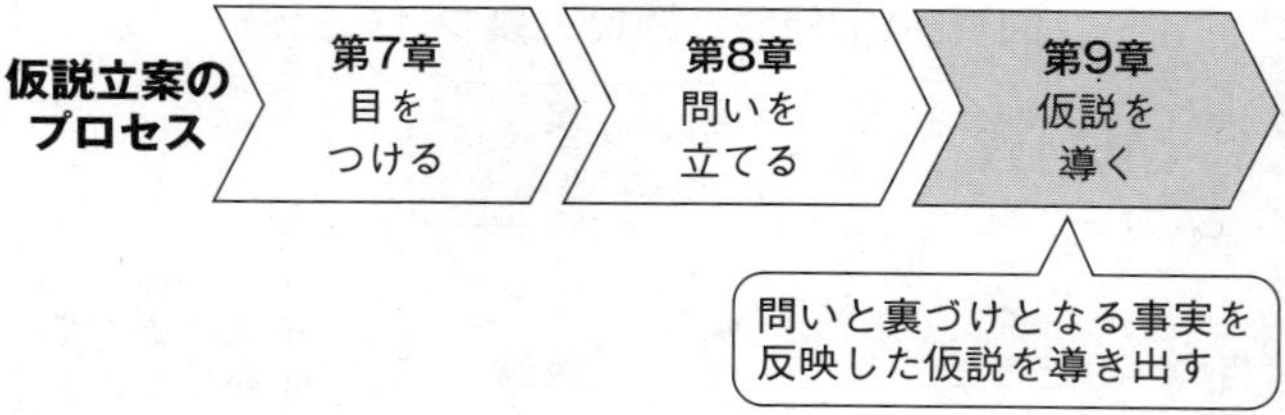
仮説立案のプロセス
第7章
目を
つける
第8章
問いを
立てる
第9章
仮説を
導く
問いと裏づけとなる事実を
反映した仮説を導き出す

を導くのにもう一つ必要なものは、「裏づけとなる事実」である。仮に問いがあったとしても、情報がゼロの状態では答えを導くことはできない。何らかの情報や知識があるから、答えとしての仮説を得ることができる。

ここまでをまとめてみよう。問いと仮説は質問と答えの関係になっている。同時に、仮説と事実は、事実が仮説の裏づけとなるものという関係になっている（図表9－1）。仮説と問いと裏づけがこうした関係になっているかどうかは、「〜（問い）に関しては、〜（仮説）と考える。なぜなら、〜（裏づけ）」という形で表現して、違和感がないかどうかを確認してみればよい。

問いと裏づけを反映した仮説を導くために

では、どのような流れで「問い」と「裏づけ」を反映させた仮説を導いていけばよいだろうか。ここで仮説を導くために必要となる「問い」と「裏づけ」の関係について、別の見方から考えていくことにする。それは、「問い」は仮説候補を洗い出すためのものであり、裏づけは洗い出した仮説候補をチェックするための

図表9-1　仮説と問い、裏づけの関係

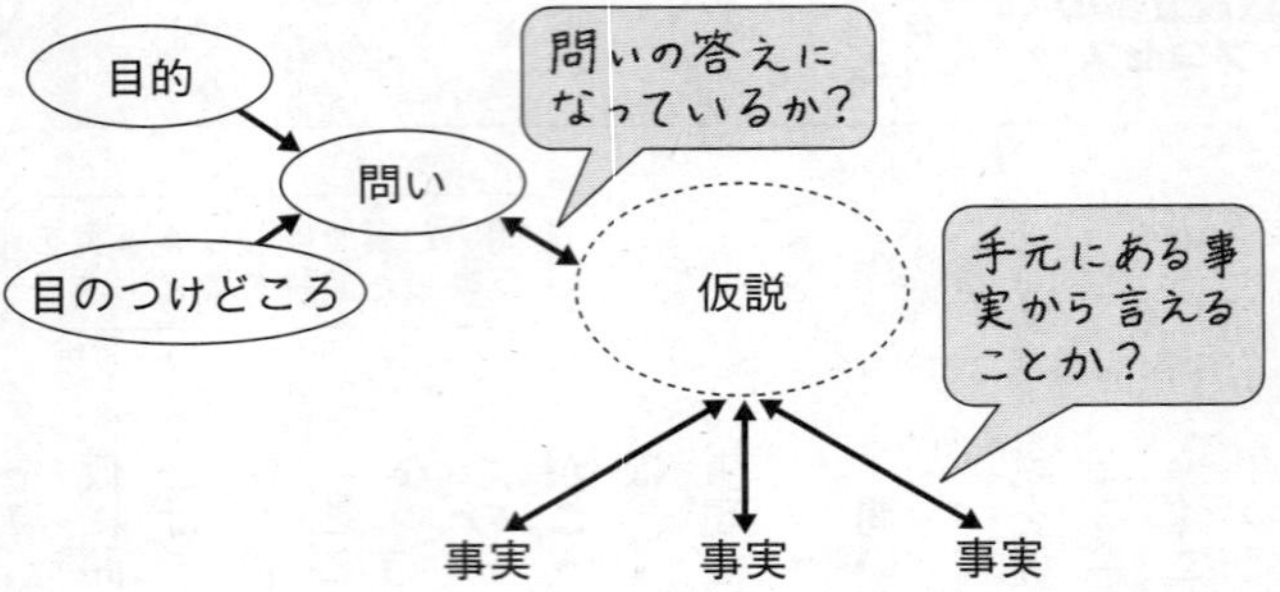

目的
問い
目のつけどころ
問いの答えになっているか？
仮説
手元にある事実から言えることか？
事実
事実
事実

もの、という見方だ。つまり、問いをもとに考えられそうな答えとしての仮説候補を洗い出していき、裏づけとなる事実でその妥当性をチェックしていくという流れで進めば、問いと裏づけを反映した仮説を導くことができる。

伊右衛門の事例で見てみよう。伊右衛門に対する仮説を導くための問いは「本格的な茶飲料で提供すべきものは？」というものだった。その問いの答えとしては、さまざまなものが考えられる。たとえば、本格的な素材を提供する、本格的な味にする、本格的だと感じられる雰囲気を醸し出す、などだ。しかし、調査の結果、そうした本格性ではなく、「日本人のＤＮＡに刻み込まれた記憶を呼び起こす安心感」が日本茶には求められているのだと分かった。

この例が示すように、まず問いの答えとなる候補を出すことに重点を置き、その後裏づけとなる事実をもとに答えをしぼっていく、という流れが望ましい。私

たちは先に制約となるものを見せられると、制約から外れたことを考えるのにはどうしても抵抗を感じる。まずは自分の問題意識に対する答えの候補を出してみて、それが本当にそう言えるかを確認していく作業の中で、裏づけを活用するような流れがよいだろう。

問いと仮説の対応関係に注意

くり返しになるが、仮説を導くには、問いと裏づけが重要な役割を果たす。そこで、「問いに対応した仮説」「裏づけを反映した仮説」とするためのポイントについて、もう少し丁寧に見ていこう。まずは、問いに対応した仮説を導くためのポイントである。

「問いに対応した答え」と言われると違和感を覚える方がいるかもしれない。問いにはそれに対応した答えがあるのが当然と考えるのが一般的だからだ。しかし日常会話のレベルでも、注意しないと、聞かれたことに答えていない、つまり問いと答えが対応していないケースはよく見られる。それは、仮説を導き出すときも同様である。したがって、仮説を導く際には、聞いていることにしっかり答えているか、を注意して見なければならない。問いに対応しない仮説となるのは、前章で触れたように、問い自体が漠然としてしぼり込まれていないことが一因として挙げられる。

またそれとは別に、問いに対応しない仮説を導いてしまうケースも多い。問いに対応しない仮説として、大きく三つのパターンを挙げることができる（図表9-2）。

図表9-2　問いに対応しない仮説

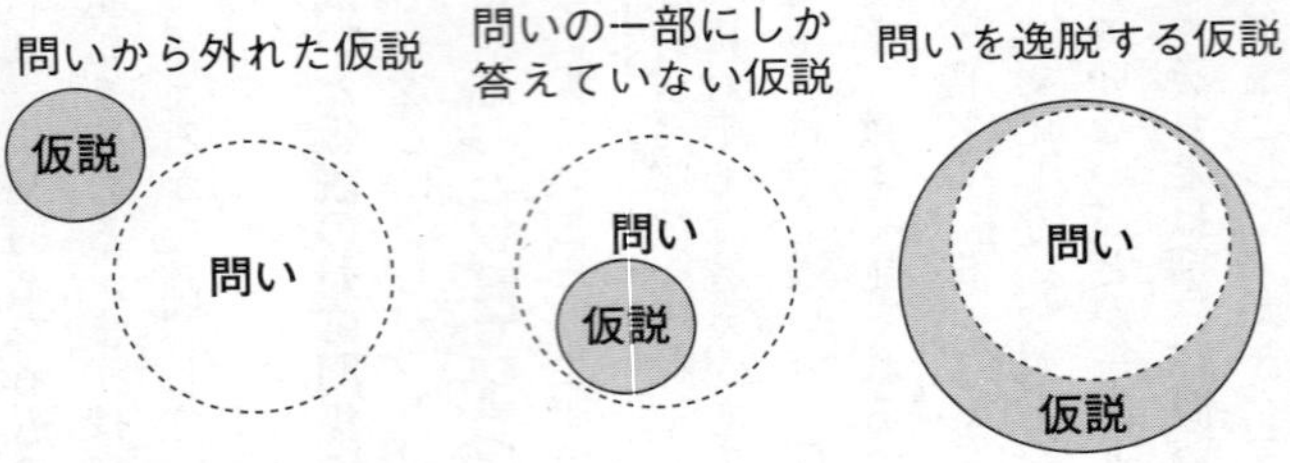
問いから外れた仮説
仮説
問い
問いの一部にしか
答えていない仮説
問い
仮説
問いを逸脱する仮説
問い
仮説

①問いと無関係な仮説

問いとまったく関係のないことを答えて仮説としている例は、実は意外と多い。どんな問いだったかを忘れてしまったり、目についた情報に気を取られて関係のない方向に興味が向いてしまう、などがその原因として挙げられる。

特に多く見られるのが、問いと答えとで考えるフェーズが違ってしまう場合だ。私たちは、何かを問われると、聞かれてもいないのにアクションまで答えなければならないと考える傾向がある。そうした傾向から、現状について聞かれているにもかかわらず、将来のアクションを答えてしまうことが多い。たとえば、「お客様が商品を買いやすい店舗とはどのようなものか?」という一般的に店舗に求められる姿に関する問いに対して、「この店舗では、商品を見やすいディスプレイに改善すべき」という店舗運営の施策に関する答えを返した場合は、問いと答えが一致していないことになる。

また、問われていることが何かを十分理解していない場合、問われていることと関係のない答えを導いてしまうこともある。よく見られるのが、「なぜそのプランがよいか？」とプランを採用した理由を問われているにもかかわらず、「このプランは……」とプランそのものの説明に終始してしまうパターンだ。漠然と問いをとらえていると、関連することを説明すればよいと思ってしまって、結果的に問いと無関係な仮説になることが多い。

問いと無関係な答えを導いてしまうと、せっかくの問題意識や目のつけどころを反映しない仮説となるために、本来の目的とは違う、使い道のない仮説が出てきてしまうことになるのだ。

②問いの一部しか答えていない仮説

問いに答えているように見えるが、実は聞かれていることの一部にしか答えていないような仮説も多い。たとえば、「なぜ品ぞろえがよいのに売れないのか？」という問いに対する答えが「雨の日は客足が遠のくから」では、雨の日についてしか答えていない。この場合は、他の天候でも売れない原因に触れなければ、問いに答えたことにはならない。

③問いを超える範囲まで答えてしまう仮説

②のパターンとは逆に、聞かれていないことまで答える仮説もよく見られる。問いへの答えも含んでいるから、問題と関連ありそうな情報を加味するのもいいのではないかとの考え方があるかもしれないが、それでは問いを立てた意味がない。問いの範囲を逸脱した仮説は、問いを立てたり目をつけた時点で持っていた問題意識を希釈化し、仮説の精度を

下げてしまう。

問いの範囲を逸脱した仮説となりがちなのは、大まかに仮説をまとめてしまうときだ。私たちは、いろいろな情報を手にするとすべてを入れ込んでしまおうとする傾向がある。しかしそれでは、問われている範囲を大幅に超える一般論的な仮説となってしまう。精度の高い仮説とするためには、問われていることだけに答えるという原則を守って、具体性を持った仮説を導く必要がある。したがって、問いの範囲を逸脱するようなことまで仮説で述べないように注意しなければならない。

仮に伊右衛門の事例で、「本格的なお茶を通じて提供すべきものは?」という問いに「一般的にお茶は茶葉の産地と品質が顧客満足に寄与する」という答えを仮説として導いたらどうなるだろうか。この仮説はどのお茶にも当てはまり、「本格的な茶」のみに通用する仮説ではない。つまり、問いには答えているが、問いの範囲を逸脱した一般論レベルの仮説となってしまったのだ。

問いと仮説を対応させるには、冷静なチェックがカギ

問いから外れた仮説とならないようにするには、聞かれたことに対する答えになっているかどうかを冷静に見直す作業が必要となる。まずどんな仮説でも、問いに対する答えの関係になっているかを再度チェックしてみることだ。

その際、第8章で紹介したように、何が問われているのかをしぼり込むとよい。問いの内容自体の確認が中途半端では、どのような仮説も「見方によっては問いに答えていると言える」と判断できてしまうからだ。「お客様が商品を買いやすい店はどのようなものか？」という問いも、結局答えなければならないのが「店舗の姿」だと分かれば、導いた仮説が店舗の姿を説明しているかどうかで、答えとして的を射ているかどうか確認できる。

また、当初立てた問いと反対の問いに対して答えてみる、というチェック方法も有効だ。伊右衛門の例で反対側からの問いを挙げると、「本格的でないお茶を通じて提供するものは？」という問いになる。この問いに対してたとえば「のどの渇きを癒す」「お茶の風味を味わう」という答えが導き出された場合、その程度のものは本格的なお茶を通じて提供するものではない、ということが分かる。そうすると、結局問いの答えとして本格的なお茶では何が必要になるのかという確認ができる。

裏づけを仮説に反映させるポイントは「見方」

次に、裏づけとなる事実を仮説に反映させるためのポイントを見てみよう。裏づけとなる事実を仮説に反映させるためには、第6章で触れたデータから意味を読み取る技術が重要になる。詳細については第6章をご覧いただくとして、ここでは、読み取る技術以外に仮説を導き出す際に重要な点を紹介する。

仮説を導き出す際にまず重要になるのは、裏づけの見方である。裏づけとなる事実を漫然と見て仮説を導こうとすると、「この事実からこんなことが言える」的な仮説を導いてしまいがちで、そうした仮説の多くは、問いと無関係なものになってしまう。そうならないように、どのように裏づけを見るべきかも押さえておく必要がある。つまり、問いの観点から見て、裏づけとなる事実はどのように見えるかを考えることである。その例を見てみよう。

トヨタ式生産方式の生みの親と呼ばれる大野耐一氏（元トヨタ自動車工業副社長）が、トヨタグループのある企業を視察した際、組み立てラインの一つがまったく止まらなかったことがあった。そのラインを見ていた大野氏は不機嫌な顔をしはじめ、改善担当責任者に、「ラインが止まらないのは人が多すぎるからだ。人を減らして、ラインの問題点が見えるようにしなさい」ときつく注意したと言う。

この例でも、止まらない組み立てラインを、問題の表出としてとらえるのか、異常のない事実としてとらえるのかがその見方によって変わってくる。この例で大野氏は、通常なら異常なしととらえてしまいそうな「止まらない組み立てライン」を、「どこにムダが潜んでいるか？」という問いの観点から見ていることが分かる。止まらないラインはどこにも不足がないから止まらないのであって、どこかにムダがある、という観点からの仮説を導くことができた。このように、同じ裏づけとなる事実でも、問いかけ方や見方によってその持つ意味は大きく変わってくる。裏づけとなる事実から言えることを漫然と考えて仮説を導くのではなく、問いから見てそれらがどのように見えるか、という観点で仮説を導き出すことが重要だ。

間接的な裏づけを仮説に活用する

もう一つ、裏づけとなる事実から仮説を導く際に重要になるのが、直接の裏づけが得られない場合の仮説の導き出し方だ。私たちが導き出そうとする仮説には、直接の裏づけとなるような事実を得られないこともある。その際、間接的な裏づけからでも仮説を導き出せるような事実を探すという姿勢も重要になる。

ヤマト運輸の小倉氏は、著書『経営学』の中で、個人宅配事業で必要となる地域単位の集配センターを日本全国でどれくらい配置すればよいかを考えたプロセスについて語っている。当然、まったく新しい事業である個人宅配の集配センターの数を算出しようとしても、類似のセンターはない。そこで、郵便局、公立中学校、警察署とさまざまな代替となる情報を探し、最終的には警察署の数と同じ一二〇〇を当初のターゲットとしたと言う。

このように間接的な裏づけをもとに仮説を導き出す場合は、その裏づけをもとに仮説を導くロジックがなければ、裏づけとして機能しなくなることがあるから注意が必要だ。小倉氏が集配センターの数を考える際に、郵便局や公立中学校ではなく警察署の数を参考にしたのも、厳密なロジックがあった。郵便局は、個人向けに荷物を配送する点では同業だが、小包便は郵便局の取扱商品の一部だから、小包便を配送するだけならセンターの数は郵便局ほどいらない。公立中学校は、生徒が歩いて通学できる範囲に置く必要がある。一方、集配センターは荷物を車で配送するから、中学校ほど緊密に建てる必要もない。最後に警察署は地域の治安を維持する役目だから、何か事件があればすぐにかけつけるようにその地域をカバーできる数はあるはずだ。つまり何かあれば急行できる範囲は、一つの警察署でカバーされているということだ。集配センターも警察署と同じくらいカバーできていれば、配送に支障の生じることはない。こうしたロジックで仮説を導いていったのである。

仮説を直接裏づける事実がない場合、どの事実をもとに仮説を導くのかは、事実をどのように見るかにかかってくる。裏づけとしようとする事実で、どのような仮説を導くことができるのかを掘り下げて考えることが重要だ。

以上で見てきた仮説の導き方をもとに、次の演習で、裏づけをもとにどのように仮説を導くかを考えていただきたい。

あなたは営業チームのリーダーで、メンバー五名を率いている。上司から「最近、君のチームのメンバーの元気がない。前向きに業務に取り組んでいない」という指摘を受けた。たしかに、自分でもメンバーの元気がないように感じている。具体的には、難しいことにチャレンジしようとしない点が気にかかっている。半月前に実施した今期の目標設定面接でも、控えめな目標設定をするメンバーがほとんどだし、大型案件になりそうなプロジェクトに対しても、自分から進んで担当になろうとするメンバーはいなかった。

上司にその旨説明すると、「たしかに君の感じていることは、私も気になっていた。ぜひ対策を取れるようにしてくれ」と指示があった。あなたは「なぜ自分のチームのメンバーは前向きに業務に取り組んでいないのか？」という問いの答えとなる仮説を導くことにした。

早速メンバーの一人をつかまえ、なぜ最近難しい仕事にチャレンジしようとしないのかを問いただした。すると、以前別のチームで難しい案件に取り組んだメンバーAさんが結果的に失敗して、その期の賞与が減額されたという話を聞き、自分もそうならないように消極的になってしまった、という返事だった。

この話を聞いたあなたは、いったん現状での仮説を導くことにした。どのような仮説を導くか？


この例では、「目標設定の仕方」「大型案件へのチャレンジ」「メンバーの話」という裏づけをもとに、メンバーの業務への取り組みに対する仮説を導き出す。裏づけは二種類に大別できる。「目標設定の仕方」「大型案件へのチャレンジ」と、「メンバーの話」の二つだ。

図表9-3　演習での仮説例

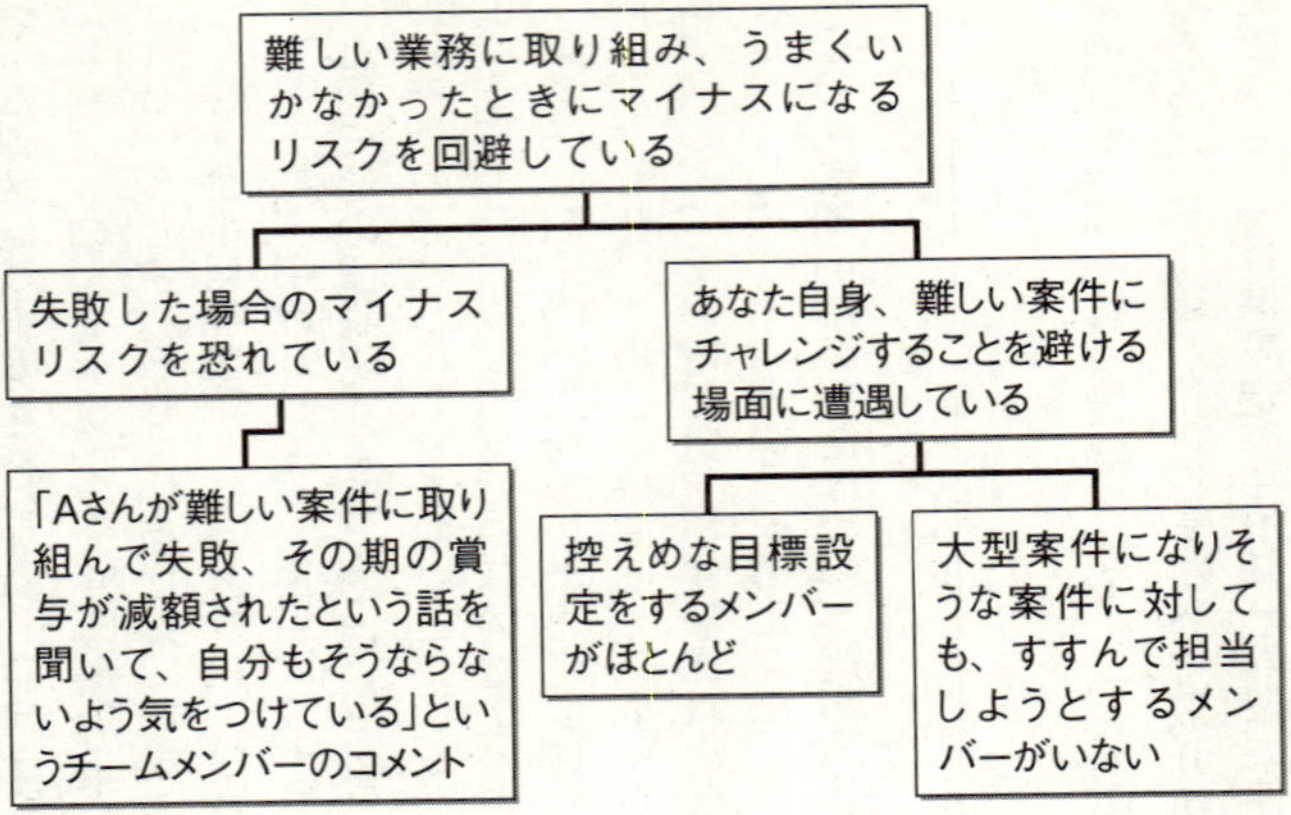
難しい業務に取り組み、うまくいかなかったときにマイナスになるリスクを回避している
失敗した場合のマイナスリスクを恐れている
あなた自身、難しい案件にチャレンジすることを避ける場面に遭遇している
「Aさんが難しい案件に取り組んで失敗、その期の賞与が減額されたという話を聞いて、自分もそうならないよう気をつけている」というチームメンバーのコメント
控えめな目標設定をするメンバーがほとんど
大型案件になりそうな案件に対しても、すすんで担当しようとするメンバーがいない

前者から言えることは、「難しい案件にチャレンジすることを避けている」である。こうしたメンバーの動向を見ていると、つい「前向きでない」「やる気がない」といった否定的な見方をしてしまいがちだ。しかし、ここでの目的は前向きに業務に取り組んでいない理由をつかむことだから、「前向きに取り組まない特徴」を導き出せばよい。また、メンバーの話から「人に左右されやすい」「後ろ向きの考え方だ」なども読み取れるが、ここでの目的を考えると、「失敗した場合のマイナスリスクを恐れている」と読み取るのが妥当だ。

これらを組み合わせると、「難しい業務に取り組み、うまくいかなかったときにマイナスになるリスクを回避している」という仮説を導くことができる（図表9-3）。

目的から、事実をどのように見ればよいか、事実から何が言えるか、といったことを考えながら、複数の裏づけとなる事実を組み合わせていけば問いの答えとなり、かつ裏づけを反映した仮説を導き出すことができる。

仮説がどの程度確実に言えるのかを把握しておく

仮説を導くときに押さえておきたいのが、その仮説はどの程度確実なものか、ということだ。仮説は、ほぼ確実に正しいと思われるレベルのものから、まだ確実というには程遠い状態のものまで、その裏づけとなる事実によっては、確実度という点で大きな違いが生じる。前述の演習で導いた仮説は、残念ながらまだ確実に正しいと思われるものとは言えない。具体的にどの部分が弱く、どのように進化させていけばよいかについては第10章の解説をご覧いただくとして、その前に、この仮説はどのような点で弱いのかを考えていただきたい。

仮に確実度の低い仮説しか立てられなくても、そのこと自体は悪くない。しかし、どの程度確実なのかを把握していなければ、その仮説をもとにどの程度確信を持って行動を取ってよいか、今後どの程度まで検証すべきかの判断がつかなくなる。仮説通りにことが進まなくて困惑するのは、自分の導いた仮説がどの程度不確実なのかを把握せず、何となく確実だろうと思い込んで行動したときが多い。

仮説の確実度を決めるのは、裏づけとなる事実である。裏づけの量、そして裏づけとしての妥当性の有無が仮説の確実度を決める。仮説を導くときには、その裏づけをもとに、どの程度確実に言える仮説なのかを把握しておくとよい。なお、仮説を導いた時点での確実度の把握は、あまり厳密に行う必要はない。「かなり確実」「まだ十分確実とは言えない」「両者の中間」という三段階程度で十分だ。このような目安と時間的余裕をもとに、次に、仮説をもとにした行動を取るか、検証をしながら仮説を進化させるかを判断すればよい。なお、具体的にどのようなポイントを検証するかは、次の章で解説する。

仮説の独自性はどこにあるのか?

この章の記述の中で、「独自性」「ユニーク」「斬新」といった言葉は一度も使われていない。そうすると「問いに基づいて、事実をベースにした仮説を導くだけでは、独自性のある仮説は出てこない。誰もが考えつくような、平凡な仮説しか導くことができないのではないか」と感じる方がいるかもしれない。この仮説を導く部分だけ見れば、問いと裏づけとの整合性を重視しているために、独自性がないものしか導き出せないと感じるかもしれない。

しかし、最終的に仮説を導く段階になっていきなり独自性や斬新さを追求したものは、「思いつきレベルのアイデア」にすぎないことがほとんどである。そうして導き出した仮説は、たしかにユニークなものかもしれないが、決して精度の高い仮説とは言えない。

では、本書で紹介した仮説立案の流れのどこで独自性や斬新さが出てくるのだろうか。それは、仮説を導き出す方法ではない。裏づけとなる事実をどうとらえるかという事実の見方によるのだ。

裏づけとなる事実の見方で独自性や斬新さを出すポイントは二つある。一つは、対象を見たときの目のつけどころである。どのような観点で対象を見るか、何と比べて「ここに何かありそうだ」と感じるのか。こういった点では十分独自性や斬新さが発揮できるし、多いに発揮していただきたい。前章までの事例で紹介したブックオフやヤマト運輸で導いた仮説が斬新だったのは、裏づけとなる事実で誰も知らないものを坂本氏や小倉氏が入手したからではない。古書店や宅配便という事業をどのようにとらえたか、という目のつけどころが斬新だったからだ。

もう一つは、問いを立てる段階だ。何を疑問に思うのか、どのようなことが知りたいのか。目のつけどころが同じでも、問いかけ方次第で独自性のある仮説につながる問いが出てくる。第3章で挙げた伊右衛門と熟茶の事例でも分かるように、問いの違いによって仮説の独自性や斬新さは変わってくる。熟茶では「本格的な茶飲料は？」というありきたりの問いだったから、「プーアール茶ベース」という原料ベースの仮説から逃れることはできなかった。伊右衛門のように「本格的な茶飲料を通じて提供すべきものは？」という問いになって初めて、より突っ込んだ独自性のある仮説を導くことができるのだ。

くり返しになるが、仮説を導く段階になって初めて「何か斬新な仮説を思い浮かばないかな」と考えるようでは、もう手遅れである。仮説を導く前の段階で、どれだけ独自性のある斬新な仮説につながる「材料」をそろえることができたかが勝負なのだ。仮に仮説を導く段階で斬新なアイデアが出てきたとしても、それは想像の産物であり、ビジネスシーンで使えるレベルからは程遠いと考えたほうがよい。仮説を導く段階では、裏づけや問いとの整合性だけに集中することが求められる。

経験や直感は欠落箇所を埋める際に使う

以上、問いがかなりしぼり込まれた段階での仮説を導くポイントについて見てきた。しかし、現実には問いがなかなかしぼり込まれないまま、仮説を導かざるをえない状況も起こりうる。また、裏づけとなる事実がないにもかかわらず、仮説を導かなければならない場面があるのも事実だ。そうした仮説を導く際に生じる欠落箇所に対しては、自らが持っている経験や直感を総動員する必要がある。仮説を導く際によく指摘される「よい仮説を立てるには経験や直感が必要」という言葉は、問いをしぼりきれない、裏づけを得ることができないこうした状況のときに重要になってくる。

前述のトヨタの大野氏の例でも、問い自体はまだしぼり込むことは可能だ。また、もう少し観察すれば、さらに裏づけとなる事実も集めることもできただろう。しかし、大野氏はこれまで現場で観察して得られた自らの知識と経験をもとに、その場で精度の高い仮説を導き出すことに成功している。

ただし、ここで述べた経験を活用するということと、何から何まで自分の経験に頼って仮説を導くこととはまったく異なる。たしかに「最後には経験がモノを言う」のは事実だ。しかし、経験を活用するのは、できる範囲まで問いをしぼり込み、裏づけを集めてからである。まだ問いをしぼり込む余地があったり裏づけがあるのに、すぐに「自分の経験から言えば……」という態度で導いたものは、過去の経験にしばられた発想であり、決して仮説とは呼ばない。経験や直感は、「伝家の宝刀」である。いきなり抜いてしまっては、その効果も薄れてしまう。まずは裏づけから言えることを冷静に導き出し、その上で欠落箇所や違和感の残る部分に対して、経験や直感を活用するとよいだろう。

第10章　仮説を検証する——精度の高い行動と仮説の進化を実現する

仮説思考の精度を高める検証

検証とは、「仮説の精度を高めるために必要な情報を入手し、仮説の妥当性のチェックと修正を行う」ことである。仮説思考において、検証は仮説立案と同じくらい重要だ。仮説の精度を高めたいと考えるなら、検証は必要不可欠なものと言ってよい。

仮説思考において、検証には次のような意義がある。

①行動の精度を高めることができる

検証によって、仮説が妥当なものかが確かめられる。仮説が妥当ならそのまま行動に着手すればよいし、妥当でなければ行動に修正を加えることができる。また、仮説思考の中に検証がなければ、行動を起こした後に何がよくて何が悪かったのかが把握できない。

②仮説の精度を高めることができる

検証によって、仮説そのものを進化させることも可能になる。検証して仮説通りにいかないことが分かれば仮説を修正すればよいし、仮説で分からなかった部分が明らかになれば、その分、仮説はより具体的なものになる。

③思考や行動をクールダウンさせる

検証という作業の特徴を考えると、検証する際には、仮説立案時以上に丁寧にデータを集め、仮説が妥当なものかを判断することが必要になる。仮説を立てたり行動を起こすときには、前に進もうとする意識が働いてどうしても熱くなってしまうものだ。しかし、ここで検証を加えることによって、いったん冷静さを取り戻すことができる。

このように、検証というピースが入ることによって、初めて仮説思考は精度の高い思考・行動プロセスとなっていくのである。

しかし、仮説を導くまでは力を入れながら、いざ検証になると、力を入れるのはせいぜいデータの収集までで、データを集めてそれを漫然と確認する程度で終わらせてしまうことも多い。よく見られるのが、何を見れば検証したことになるのかを十分把握しないまま、関連しそうなデータを見て検証したつもりになっているようなケースだ。検証は、見るべきポイントをしっかりと押さえることである。そのためには、何を検証するのか、どのように検証するのかといった点をしっかり押さえておくことが必要になる。

この章では、こうした検証の際に必要となる思考技術について見ていくことにする。

検証に対する二つの誤解

まず、「検証」という言葉に対する誤解を解消しておきたい。一つは、検証をするタイミングに対する誤解であり、もう一つは検証のために活用するデータや事実に対する誤解だ。こうした誤解があるせいで、まだ検証をするタイミングではないと躊躇したり、逆にまだ十分検証がなされていない段階にもかかわらず、検証したと思い込んでしまうことがある。

誤解1：検証は仮説を導いた後にするものだ

「仮説と検証」はセットで語られることが多いため、検証は仮説を導いた後にするものととらえられがちである。そのようなとらえ方が高じると、「まだ仮説を導いていないから検証できない」と考えてしまうことがある。そうすると、検証がままならず仮説や行動の精度が高まらなかったり、行動に移るスピードが遅くなることになる。

しかし、検証は仮説なしでもできないわけではない。仮説立案のプロセスとシンクロさせながら検証していくことは十分可能だし、そうした姿勢を持つことが必要である。変化のスピードが早い時代に、悠長に仮説立案と検証を分けて行う余裕はない。

特に、目のつけどころをとらえる段階や問いを立てる際にも、自分の着眼点や問いが的確であるかを随時検証することが、仮説の精度を高める意味でも重要なのである。なお、同じ「検証」でも、問いを立てるまでと仮説の妥当性をチェックする段階とでは、その意味が少し変わってくる。そこを少し整理しておこう。

問いを立てるまでの検証

問いを立てるまでも、さまざまな観点で対象を見て、目のつけどころを決めるために検証すべきことは多い。まずは、目のつけどころが適切かを判断するために、裏づけとなるデータが必要である。このような場合、すでに検証をしていることになる。たとえば、POSデータをもとにして目のつけどころを決めたり、問いを立てる場合、目のつけどころや問いが妥当かを確認することが、ここでの検証に該当する。

仮説の妥当性をチェックするときの検証

いったん仮説を導いた後、その仮説の確実度や妥当性を判断するために検証する。一般的に仮説を検証する、と呼ばれるのはこの段階のことである。仮説は本当に妥当なものか、仮説が成り立たない場合はどのようなときか、をチェックする。たとえば、実際に導き出した仮説を実行に移し、その結果を確認することが、この段階での検証になる。

誤解2：検証とは新たなデータを探すことだ

もう一つの誤解は、検証とは、新たにデータを入手すること、と考えることだ。この誤解が高じると、検証することはデータを入手するための方法論と思ったり、ひどい場合にはデータさえ入手できれば検証は終わったと勘違いしてしまうことになる。

前述のようにさまざまなタイミングで検証していることが分かれば、同じ検証でも、情報入手のための行動は少しずつ変わってくることをご理解いただけるだろう。じっくり腰を落ち着けて調査やヒアリングをしたり、データをさまざまな角度で加工することばかりが検証ではない。手許のデータを確認したり頭の片隅にあったものを引っ張り出すことも、立派な検証であることを忘れてはならない。

こうした誤解は、ほしいデータが手に入っただけで検証が終わったと満足してしまう思考停止状態を生む。それは、関連しそうなデータを見つけた途端、何の加工もしないで検証に使おうとする姿勢につながる。典型的なのは、店舗売り上げの不振の仮説に何を検証するかと聞かれて、「POSデータ」と答えてしまうようなケースだ。入手先がどんなデータかは、検証の際には重要でない。そのデータから仮説のどこを検証するのか、が重要なのである。したがって、「POSデータで、○○品目と○○品目の午前中の販売数量を、過去三年間に遡ってみる」といったようなものでなければ、焦点の合った検証は難しいだろう。単純にPOSデータを集めるだけでは、同じような検証ばかり行うようなムダが生じたり、検証しきれない箇所が出てしまうことになりかねない。

データを探すことが検証だと考えていると、「顧客ニーズに関する仮説を検証するにはフォーカス・インタビュー」「社員の状況に関する仮説を検証したいから従業員意識調査」

など、調査の粗製乱造を招くことにもなる。どのデータを使って検証するかを考える前に、何を検証すべきかを突き詰めておくべきだ。

二つの検証スタイル

では、実際の検証の仕方について見ていこう。検証は、何を検証するかによって大きく二つのスタイルに分けられる。一つは仮説そのものを検証する「実験型の検証」、もう一つは仮説を裏づける事実を検証する「裏づけ補強型の検証」だ。その違いを、マッサージとヘアカットの例で説明しよう。

マッサージの場合、お客様の反応を見ながら強さや施術箇所を調整できる。これはお客様の求める施術という仮説を、実際の行動に移しながら検証していることになる。つまり、自分の仮説に基づいた行動で実験しながら、仮説そのものが妥当かを検証しているのだ。こうした検証の仕方を、本書では「実験型の検証」と呼ぶ。

一方、ヘアカットでは、理容師は髪の毛を切りながら自分のヘアカットが適切かを実験で検証することはできない。そんなことをして髪の毛を切りすぎてしまったら、取り返しがつかないからだ。したがって、どのような髪型を希望しているかをヒアリングしたり髪質をチェックしたりして、お客様が求めるヘアスタイルに関する仮説を検証しなければならない。これは、仮説そのものの検証というよりも、仮説の裏づけについて確認し、必要に応じて仮説を修正しながら行動に移すというスタイルだ。こうしたスタイルでの検証を、本書では「裏づけ補強型の検証」と呼ぶ。

以下で、それぞれの検証スタイルでのポイントを見ていくことにする。

実験型の検証で仮説の妥当性を確かめる

実験型の検証とは、実際に仮説通りの行動を取ってみて、その結果を検証材料に使うという方法だ。セブン-イレブンは、まさに日々実験を通じて仮説の検証をしていると言っても過言ではない。POSデータや商圏の動向をもとに発注や陳列に関する仮説を導き、それを実行に移す。その結果をPOSデータであらためて検証し、仮説を修正する。

実験による検証は、仮説がよかったか否かをダイレクトに検証できる。仮説通りの行動をして結果を見るだけでよいのだから、検証結果を解釈するのに悩む必要もない。

より大規模な実験型の検証をしている企業もある。それは、ファーストリテイリング社だ。同社の最高経営責任者である柳井正氏は、著書『一勝九敗』で、同社で体験した数々の失敗について語っている。それらは、別の見方をすれば、柳井氏の立てた仮説に対する壮大な実験とも言えよう。そうした例の一つを見てみよう。

ユニクロが一九九九年にフリースで一大旋風を巻き起こす一年前、原宿に都心型店を出店した。出店時には、キャンペーンと連動して、フリースを全面的に陳列するなど、フリースを集中的に訴求した。郊外店のユニクロが都心に進出するという話題性からマスコミがとり上げたこともあって、若者たちの爆発的な人気を呼び、フリースブームに先鞭をつけただけにとどまらず、ユニクロブランドの認知度とイメージアップに大きく貢献した。

しかし、ユニクロの新型店の出店は原宿店が最初ではない。その一年前に大阪のアメリカ村に初めて都心型店を出店している。だが、その結果は惨憺たるものだった。

柳井氏は、大阪アメリカ村店の失敗の原因が、都心型と郊外型の売り方の違いにあると考えた。郊外店は、想定される商圏の特徴を踏まえた上で、チラシ等を活用した集客や販促を進めていけばよい。一方、都心型店では商圏という概念が存在せず、全国から集まるお客様が対象になる。そうであれば、商圏内にチラシをまいて集客することも効率的ではなくなる。また、近くにカジュアルウエアの店は多数ある。したがって、来店の目的も単に「カジュアルウエアの購入」から、この店だから買えるものを購入するという形になる。

柳井氏は、このような都心型店に対する仮説から、認知の方法として大々的な宣伝活動をし、ユニクロの「売り」としてフリースを前面に押し出す売り方をする、という従来の店舗とはまったく異なる発想で出店を行うことにし、成功に結びつけた。

この事例は、新規出店そのものが検証のための実験となっている例である。事例に挙げられているアメリカ村店は、都心へ出店する際の仮説を検証し、進化させるよい材料となったと言える。実験型の検証は、自分の仮説が正しかったか否かがはっきり分かるので、検証の仕方としてはダイレクトだ。こうしたダイレクトさは、仮説思考において次のようなメリットをもたらす。

行動のスピードアップ

裏づけの補強と比べれば、圧倒的に行動に移るスピードが速くなる。実験をした結果、仮説通りだと分かれば、そのスピードはさらに増す。

行動を喚起しやすい

結果として仮説がよかったか否かがはっきりするため、その仮説を取るべきかどうかの判断が下しやすい。実験の結果、仮説通りにいけば、これほど行動を喚起する強力な材料はない。仮に仮説通りにいかなかった場合も、改善策を取る動機づけにもなる。

ただし、どんな場合にも実験による検証が効果的だとは言えない。この検証には以下のデメリットもある。

単なる答え合わせになる恐れ

実験による検証は結果がはっきり出るので、仮説が正しかったか正しくなかったか、という答え合わせで終わってしまいがちだ。そうすると、自分の立てた仮説や立案のプロセスのどこがよく、どこが悪かったのかを振り返ろうとしなくなり、ノウハウの移管や横展開が難しくなる（詳しくは第13章で解説する）。

うまくいかない場合の負担

実験による仮説の多くは、リアルな現場で行われる。実験が失敗した場合、損失が発生することは覚悟しなければならない。この損失は短期的・金銭的なものだけにかぎらず、顧客からの不満の増加や信用問題に発展するなど、損失が長期にわたる恐れもある。

特殊要因への対応

実験による検証でもう一つ避けられないのが、「仮説がよかったからうまくいったのか、たまたまうまくいったのか」という判断である。私たちは、往々にしてうまくいった場合には特殊要因の存在を忘れ、うまくいかなかった場合には特殊要因のせいにしたがる。実験型の検証では、こうした考え方を修正できず、仮説を立てる際の状況や事実のとらえ方を見誤ってしまうことになりかねない。

実験型の検証を可能にする三つの条件

こうしたメリット、デメリットを考えると、実験による検証には、可能な領域と可能でない領域がある。実験するのが難しいのに無理に実験で検証しようとすると、致命的な事態になりかねない。実験による検証を実現するために必要な条件を見てみよう。

①サイクルが短い

セブン-イレブンでは、仮説～検証のサイクルは一日である。検証結果の返ってくるのがこれだけ早いと、実験による検証は可能である。検証結果が出るのに一年も待たなければならないような事案では、実験による検証はあきらめざるをえない。

②一回あたりの実験のインパクトが小さい

セブン-イレブンの仮説～検証のサイクルが一日ということは、導いた仮説が見当外れのものであっても、年間で三六五分の一のインパクトにしかならない。しかも、個々の店舗単位なので、全社的なインパクトはさらに小さくなる。このインパクトが大きすぎると、実験による検証はリスクが高くなる。

③すぐに修正できる

実験による検証で重要なのは、検証結果をすぐに反映できるかどうかにある。いくらサイクルが短くても、検証結果の反映に数カ月かかるようでは、検証結果が思わしくない場合、その結果を反映させるまでの間は針のむしろ状態になってしまう。

実験型の検証の効果を高めるために

ここまでに挙げた実験による検証の特徴を考えると、より効果的な検証にするために、以下の点に注意しておく必要がある。

①検証後はその要因を探る

実験による検証は、仮説の良否という白黒がはっきりするスタイルであるが、白黒をつけることが目的ではない。仮説通りにいかない場合、その過程も含めてすべてだめだったと思い込み、切り捨ててしまうケースが往々にしてある。こうした仮説～検証のやり方は、非常にもったいない。実験をして仮説通りにいかない場合でも、仮説がまったくだめだったのではなく、どこかが現実と合わなかったり、想定漏れがあったりするケースがほとんどだ。そうしたうまくいかなかった要因を探り、仮説を修正することを考えたい。

仮説通りにうまくいった場合も同様で、仮説通りにいくと、満足してそこから何の示唆も得ることなく、次の行動に移ってしまいがちだ。しかし、どこが仮説通りだったか、どこが仮説と違ったかを冷静に把握しておくと、次に仮説を立てる際の参考になる。

ファーストリテイリング社の事例でも、柳井氏は大阪アメリカ村店での失敗で都心型店は無理だ、と短絡的に結論づけなかった。うまくいかなかった要因を探り、仮説を修正したことが原宿店の成功を生んだのである。

②リスクや損失を許容できる環境を作る

実験による検証をした場合、当然想定通りにいかず、損失が発生するケースも考えられる。したがって、そうした損失をあらかじめ見込んでおく必要がある。

その方法としては、セブン-イレブンのように、店舗単位、一日単位で仮説～検証のサイクルを回すといったシステムを構築し損失を分散化させておくのも一つである。また、ファーストリテイリング社のように意思決定者自らがリスクや失敗を許容したり、組織として失敗を非難しあったりしない文化を醸成する、というのも一つの方法だろう。

損失をまったく想定せずに、仮説通りにいかないからといって仮説を立てた人を責めるようなことは、間違ってもしてはならない。

③一部だけ実験する

大がかりな設備投資や新商品の投入などを行う場合、大々的な実験は費用面の負担も失敗した場合の損失も大きい。そうしたときは、一部だけ実験することによって、仮説の検証が可能になる。設備投資を行う際には、一部の設備の導入だけで、実験による検証は可能だ。また、新商品の投入でも、ある地域を対象に新商品をテストマーケティングし、そこでの売れ行きから仮説を検証するということが可能だ。このように、仮説の対象によっては、一部だけを実験するような工夫をしてみることも必要である。

実験による検証は、仮説をダイレクトに検証することができ、すぐに行動に移れる点で、検証の仕方としてはもっとも効率的である。しかし、事業の特性等で実験による検証が難しい場合もある。何がなんでも実験による検証をしなければならないと思う必要はない。

裏づけ補強型の検証で仮説を進化させる

現実を考えると、実験で仮説が妥当かどうかを検証したり、仮説が妥当だと示すピッタリのデータが得られるケースはあまり多くない。多くの場合、間接的に仮説に関連する情報を活用しながら、仮説の裏づけを補強していく形になる。

仮説の裏づけを補強するという検証手法は、実験による検証ができない場合の次善策のように感じるかもしれないが、この手法特有のメリットもある。それは、仮説をより精度の高いものに進化させることができるという点だ。

裏づけに新たな事実が加わったり、裏づけが修正されたりすると、仮説そのものも修正されていく。これはまさに仮説が進化していることにほかならない。このように、裏づけを補強することによって、仮説を進化させていくことが可能になるのである。

反面、実験による検証とは異なり、行動へ移ろうという意識は持ちにくくなる。どうしても、仮説をより精緻なものにしようとする意識が働くからだ。

こうした特徴を考えると、仮説がまだ十分確実だとは言えない状況では、裏づけを補強する検証を行い、仮説がある程度固まったら実験による検証を行う、という流れが望ましいだろう。

図表10-1　裏づけ補強型検証のステップ

仮説の現状を把握する
検証すべき項目を押さえる
入手すべきデータを考える
データを入手する
仮説を進化させる

裏づけ補強型の検証を実現するための五つのステップ

裏づけ補強型の検証をする際には、次の五つのステップを踏んでいく必要がある（図表10−1）。

【ステップ1　仮説の現状を把握する】

裏づけ補強型の検証でまず押さえるべきは、仮説の現状把握である。つまり、現在の仮説を裏づけるものとして何があるかを確認する。自分の導いた仮説の裏づけのどこに弱点があるのかが分かっていなければ、検証すべきものを決定できない。

その意味で、仮説とその裏づけの関係を正確に把握することは、検証をする際にも重要になる。導いた仮説に裏づけのない部分はあるか、裏づけはあるもののその量や質、関連性といった観点で弱い部分はどこか、などをあらかじめ把握しておく。こうした仮説の現状把握なしに始める検証は、ほとんどが無意味な調査やデータいじりに終わる。

仮説の現状を把握するには、仮説といま手許にある裏づけを書き出してみるのがもっとも分かりやすい。その際、単に裏づけを羅列した形にするのではなく、裏づけごとにグルーピングを行うなど、構造化をしておくと検証すべきポイントがより見えやすくなる。

【ステップ2　検証すべき項目を押さえる】

仮説の現状を把握したら、仮説のどこを検証したらよいのかを押さえる。裏づけを補強すべき箇所として、大きく以下の二点が挙げられる。

2－1　裏づけのない箇所を埋める

前章で触れたように、導いた仮説が妥当だと言うために必要な裏づけが欠けていながら、経験等で補って仮説を導くこともある。また、ある部分はデータを入手する時間的余裕がなかったために、直感で裏づけを仮置きしている箇所もあるだろう。そうした箇所は自分の経験や直感でよかったのかを確認する意味でも、検証しなければならない。

このときに持ちたいのが、「仮説が成立するためには、どんな裏づけが必要か」という視点である。手許にある裏づけだけで仮説は導くことができるとどうしても考えてしまいがちであるが、それでは偏った観点からの仮説となってしまう。この段階で、仮説を裏づけるものは他に何かないだろうか、という意識を持つことが重要だ。

2－2　裏づけと仮説の関連の弱い部分を補強する

仮説を導いた段階で裏づけとしたものの、その妥当性から考えると裏づけとしてはやや弱いと感じる部分も、補強する必要がある。裏づけとして弱いというのは、以下のようなパターンである。ある商品の顧客ニーズに関する仮説を導いた例を参考に、どのような場合に検証をしていく必要があるのかを見ていこう。

①裏づけのデータ量が少ない

数名の聞き取り調査をもとに、顧客全体のニーズに関する仮説を導き出さなければならない場合もある。もちろん、少ないデータ量から仮説を導くこと自体はかまわないが、聞き取りする対象の人数を増やして仮説の確実度を高めていかなければ、その仮説が妥当なものかどうかは分からない。

②裏づけのデータが偏っている

聞き取りの人数はある程度確保できても、一部の年齢層だけの聞き取り結果から仮説を導いた場合、その仮説が他の年齢層にも当てはまるかどうかは分からない。他の年齢層にも同様の聞き取りを行うなどして、裏づけの偏りを解消していく必要がある。

③仮説との関連性が低い

直接顧客に聞き取りを行う時間的余裕がなく、類似商品の動向を見ながら仮説を導いた場合、その動向が顧客ニーズを反映しているとはかぎらない。こうした場合は、直接顧客の声を聞くか、類似商品の動向のうち顧客ニーズを反映した部分だけを抜き出すようなことをして、より仮説に関連するような裏づけを獲得する必要がある。

【ステップ3　入手すべきデータを考える】

仮説を補強する箇所が明らかになったら、どのようなデータで補強すればよいかを考えるのが次のステップである。このステップは、当初仮説を導く裏づけとなるデータを集めたときと比べ、必要なデータを想定する難しさのハードルは一段上がっていると考えたほうがよい。というのは、入手の必要性が容易に想定できるようなデータや、簡単に入手できるデータは、すでにこの段階で手許にあるはずだからだ。

ここで安易に「もう一度調査をすればよい」「他の人から聞き取りをすればよい」「○○のデータをもらえばよい」などと考えてしまうと、すでにあるデータを再度入手するようなムダも生じかねない。より具体的なデータの中身まで想定しておくことである。その際、ステップ2で押さえた検証すべき項目で、結局何が不足しているのかを意識しておくとよい。顧客ニーズの例で言えば、対象の量が不足しているのか、対象に偏りがあるのか、比較するための材料がほしいのか、といった具合である。このように、具体的に不足している箇所を明確にできれば、データの入手方法もイメージしやすくなる。

また、このステップでは、必要とするデータの内容だけでなく、その入手の仕方を具体的に考えておく必要がある。顧客ニーズに関する裏づけが少ないからといって同じ調査をくり返しても、同じようなデータしか集められない。再度調査を行うにしても、対象の量が不足しているなら調査期間を長めに取り、対象が偏っているなら必要とする対象層だけに向けて同様の調査を行うなど、方法論までも想定しておくことが必要だ。

さらに、ぴったりのデータが得られない場合の代替策も考えておく必要がある。仮説を導いた時点でほしかったデータが手に入っていないということは、入手が困難との理由もある。たとえば、組織の雰囲気が悪いという問題への仮説を検証するために、社員にヒアリングをすることにしたとしよう。しかし、ヒアリングでは本音が集まらない恐れもある。そこで、組織の状況を観察するといった代替策を用意するなどの工夫が必要になる。

【ステップ4 データを入手する】

ステップ3で入手すべきデータが明らかになったら、そのデータを入手するのが次のステップである。しかし、実際には思ったようにデータを入手できないことも多い。調査をしようと始めたものの、なかなか人数が集まらなかったり、適切な対象層からの調査結果が少なかったりすることがある。

そのような場合の選択肢は二つだ。一つは、再度ステップ3に戻って、どんなデータを入手すればよいかをあらためて考えるやり方であり、もう一つは、新たなデータの入手をいったんあきらめ、この段階までに入手したデータをもとに仮説を導く方法である。

前者の方法をとれば、裏づけはさらに補強されて仮説の精度も高くなることが期待できる。ただし、追加での調査が必要になる時間的ロスは見込まれる。逆に後者の方法では、すぐに現時点での仮説を導き出すことができる反面、仮説の精度は高まらない。

このように、二つの選択肢は、時間と仮説の精度とのトレードオフなので、どちらを重視するかで決めるしかない。ただ、こうならないように、ステップ3の段階で、必要なデータが入手できない場合の代替案をあらかじめ用意しておくのが無難だろう。

【ステップ5　仮説を進化させる】

入手できた新たなデータを裏づけとして活用する。入手したデータの中には、単に裏づけの再確認にすぎないものも、新たな裏づけとして活用するものもあるだろう。以前からあった裏づけも加えて、現状の仮説にはどのような裏づけがあるのかを確認することだ。必要に応じて第9章で解説した要領をもとに、再度仮説を導いてみる。新たな裏づけが加われば、仮説も当然変わってくる。仮説に新たなものが加わったり、よりしぼり込まれた仮説になったりしていれば、仮説は検証する前と比べて進化し、より精度の高いものになっているのだ。

以上の検証の流れの実例を、第9章の演習の続きで見てみよう。

あなたは営業チームのリーダー。メンバー五名を率いている。上司から「最近、君のチームのメンバーの元気がない。前向きに業務に取り組んでいない」と指摘された。たしかに、自分でもメンバーの元気がないように感じている。具体的には、難しいことにチャレンジしようとしない点が気にかかる。半月前に実施した今期の目標設定の面接でも、控えめな目標設定をするメンバーがほとんどだし、大型案件になりそうなプロジェクトに対しても、自分から進んで担当になろうとするメンバーはいなかった。
そこで、早速メンバーの一人から、なぜ最近難しい仕事にチャレンジしようとしないのかを問いただした。すると、以前、別のチームで難しい案件に取り組んだメンバーAさんが結果的に失敗して、その期の賞与が減額されたという話を聞き、自分もそうならないように消極的になってしまっている、という話を聞いた。

この話を聞いたあなたは、「難しい業務に取り組み、うまくいかなかったときにマイナスになるリスクを回避している」という仮説を導いた。

しかし、まだメンバーの一人から話を聞いたにすぎない。自分の仮説を検証しなければならない。どのようなデータや情報を入手して検証するか？

【ステップ1　現状の把握】

現状では、

・メンバーの一人のコメント

・あなたが感じる実際のメンバーのリスクを回避しようとする動き（目標設定、大型案件へのトライ事例）

で、仮説を裏づけている（図表10-2）。前述した通り、単に三つの事実を並列するのではなく、「コメントとして聞いたこと」「あなたが実際に遭遇して感じた出来事」のように裏づけを構造化しておくと、検証すべき項目や検証すべきデータの想定がしやすくなる。

【ステップ2　検証すべき項目】

この例では、現状の仮説を十分裏づけているとは言えない。したがって、裏づけを集め

図表10-2　演習での仮説例

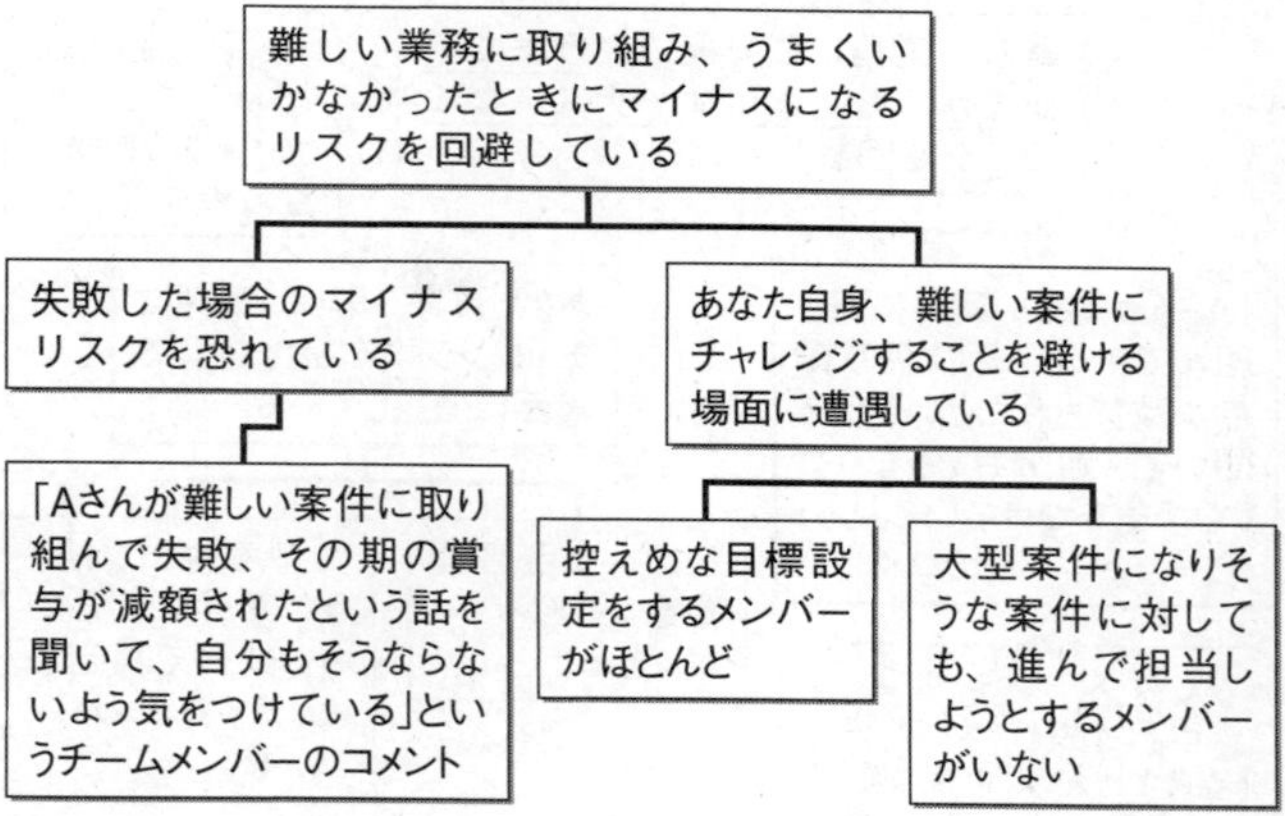
難しい業務に取り組み、うまくいかなかったときにマイナスになるリスクを回避している
失敗した場合のマイナスリスクを恐れている
あなた自身、難しい案件にチャレンジすることを避ける場面に遭遇している
「Aさんが難しい案件に取り組んで失敗、その期の賞与が減額されたという話を聞いて、自分もそうならないよう気をつけている」というチームメンバーのコメント
控えめな目標設定をするメンバーがほとんど
大型案件になりそうな案件に対しても、進んで担当しようとするメンバーがいない

て補強していく必要がある。

まずは、聞き取りをしたメンバーの数が一人では少なすぎる。他のメンバーの意見を反映していなければ、偏った仮説となるおそれがある。

次に、本当に難しい業務に取り組んでうまくいかなかった場合、賞与の減額などのペナルティを科すのかも確認しなければならない。これがＹｅｓであれば制度に問題があるし、Ｎｏであればなぜそのような認識をメンバーが持ったのかを追求していかなければ、効果的な対策につながらない。

さらに、目標設定が控えめだとか案件への取り組みが後ろ向きというのは、自分の印象だけなのかもしれない。何か比較対象がないと、単なる主観的な思い込みとなってしまう（図表10―3）。

図表10-3　検証すべき項目例

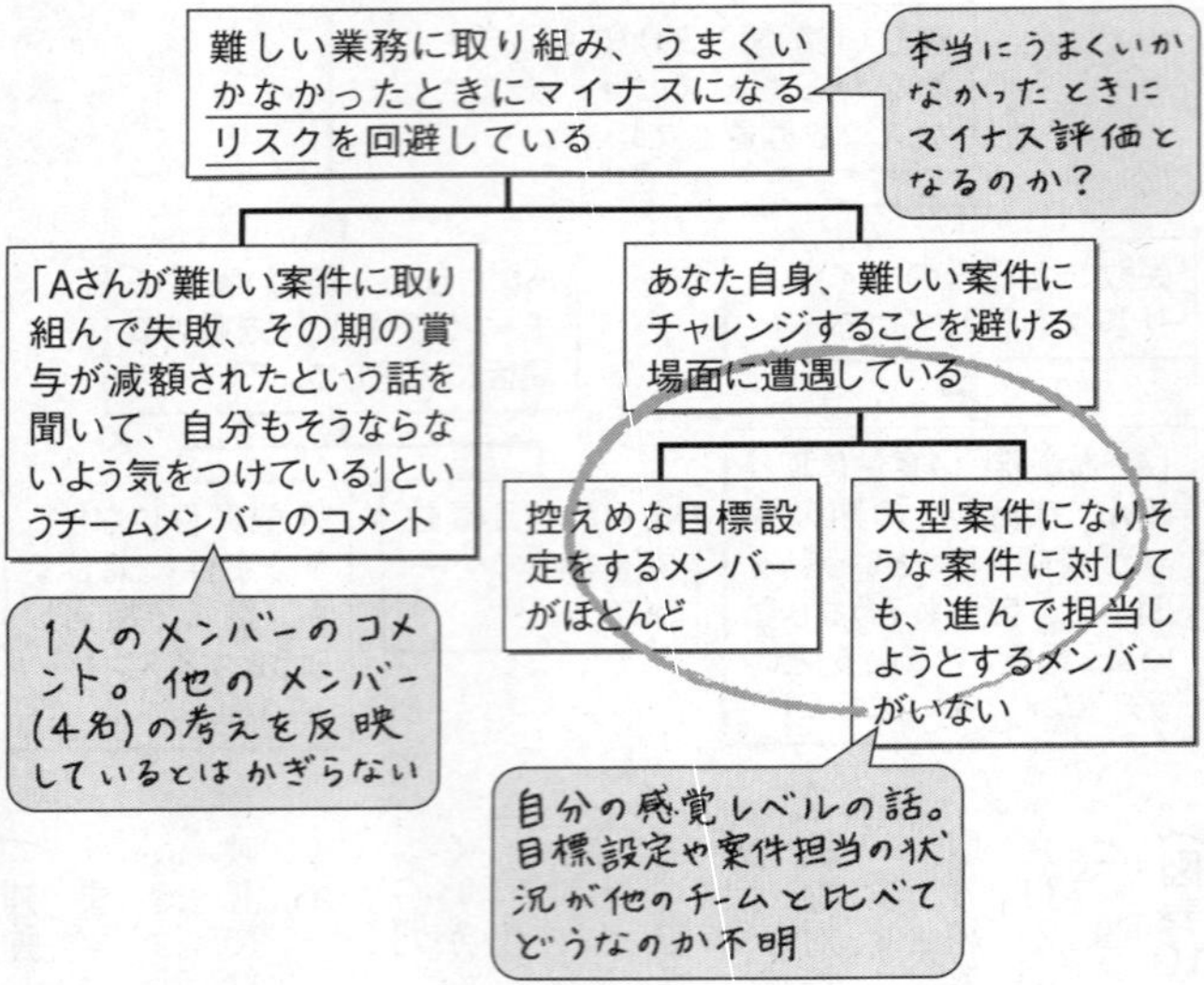
難しい業務に取り組み、うまくいかなかったときにマイナスになるリスクを回避している
本当にうまくいかなかったときにマイナス評価となるのか？
「Aさんが難しい案件に取り組んで失敗、その期の賞与が減額されたという話を聞いて、自分もそうならないよう気をつけている」というチームメンバーのコメント
1人のメンバーのコメント。他のメンバー(4名)の考えを反映しているとはかぎらない
あなた自身、難しい案件にチャレンジすることを避ける場面に遭遇している
控えめな目標設定をするメンバーがほとんど
大型案件になりそうな案件に対しても、進んで担当しようとするメンバーがいない
自分の感覚レベルの話。目標設定や案件担当の状況が他のチームと比べてどうなのか不明

このように、単にどこの裏づけが不足しているかだけでなく、どのような点で裏づけが不十分かに注目しておくと、続くステップで入手すべきデータが明らかになる。聞き取りの部分で不足しているのはメンバーの「数」であり、自分が遭遇した場面で不足しているのは「客観性」である。また、ステップ1でしたように仮説と裏づけが構造化されていると、裏づけとして必要な部分も見えてくる。

【ステップ3　入手すべきデータ】

では、具体的にどんなデータを入手すればよいのだろうか。ステップ2で明らかになったことをもとに見ていこう。

まずは、聞き取りをしたメンバーの「数」が足りないのだから、他のメンバーからも同様のコメントを入手する必要がある。聞き取る内容は、「難しい仕事に取り組まない理由」ではない。現状の仮説に沿って「難しい業務がうまくいかなかった場合にリスクがあると感じているか」としておくと、現状の仮説が妥当なのかが判断できそうだ。

次に、ペナルティの有無については、実際にそのような事例があったのか、そして制度としてペナルティが科されるようなものになっているのか、を確認しなければならない。

さらに、目標設定や案件への取り組みについては、客観性を補うために、他のチームではどうなのかを比較すればよいだろう（図表10―4）。

【ステップ4　データの入手】

あなたはステップ3で挙げたデータの入手を開始した。他のメンバーにも同様にヒアリングしたところ、次のようなコメントが寄せられた。

「Aさんがあの案件でうまくいかなかったのは仕方のないことだ。それをボーナスカットにするのはかわいそう」

「Aさんのようになるなら、確実に結果の残せる案件に取り組みたい」

また、過去に成績が悪かったメンバーの賞与額を調べてみたところ、Aさん以外は他のメンバーとさほど変わらなかった。制度面でも、成績の悪いメンバーに対して、賞与カットのような極端なペナルティを科す規定はない。Aさんは、他の案件でも期待された成果

図表10-4　入手すべきデータ例

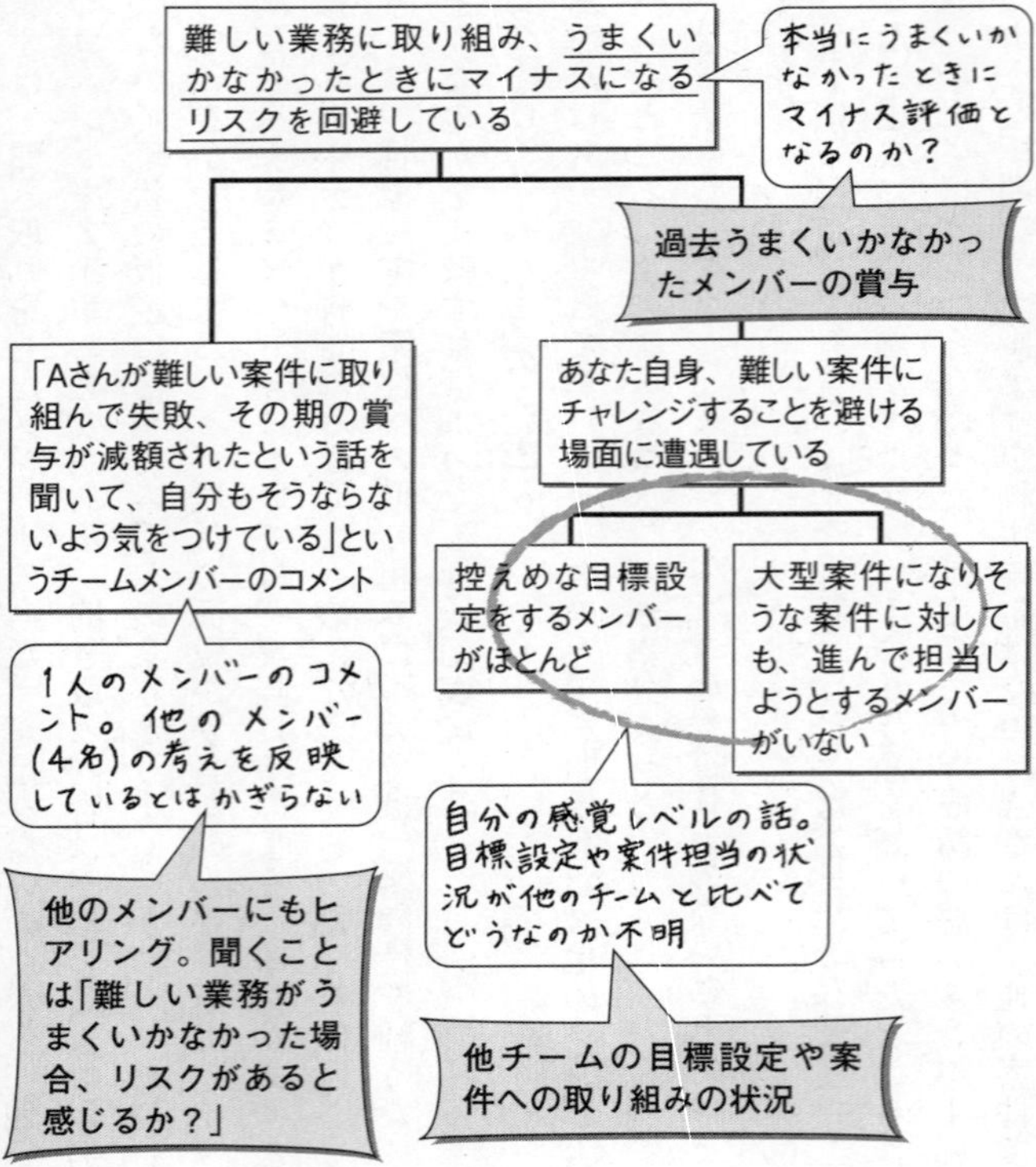
難しい業務に取り組み、うまくいかなかったときにマイナスになるリスクを回避している
本当にうまくいかなかったときにマイナス評価となるのか？
過去うまくいかなかったメンバーの賞与
「Aさんが難しい案件に取り組んで失敗、その期の賞与が減額されたという話を聞いて、自分もそうならないよう気をつけている」というチームメンバーのコメント
1人のメンバーのコメント。他のメンバー(4名)の考えを反映しているとはかぎらない
他のメンバーにもヒアリング。聞くことは「難しい業務がうまくいかなかった場合、リスクがあると感じるか？」
あなた自身、難しい案件にチャレンジすることを避ける場面に遭遇している
控えめな目標設定をするメンバーがほとんど
大型案件になりそうな案件に対しても、進んで担当しようとするメンバーがいない
自分の感覚レベルの話。目標設定や案件担当の状況が他のチームと比べてどうなのか不明
他チームの目標設定や案件への取り組みの状況

図表10-5　入手したデータ

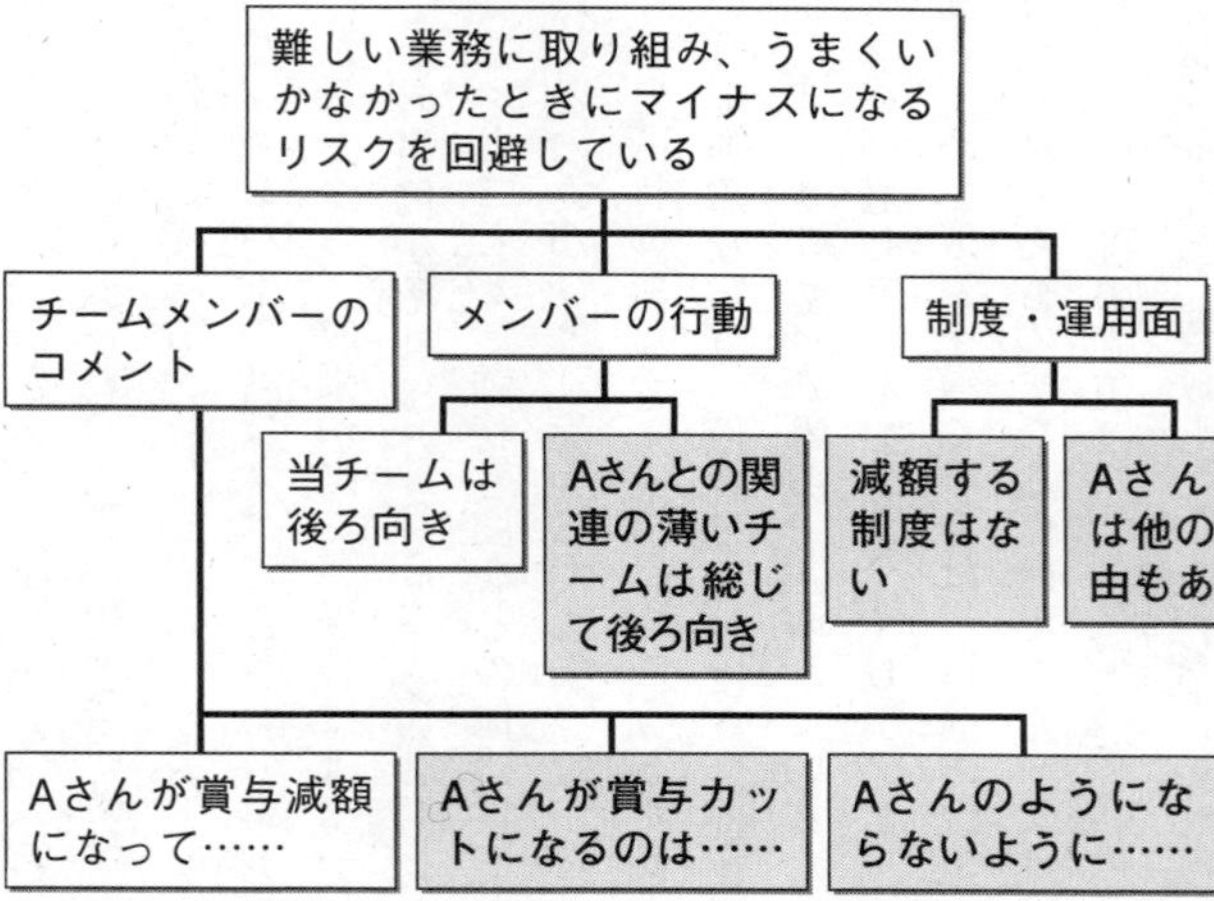
難しい業務に取り組み、うまくいかなかったときにマイナスになるリスクを回避している
チームメンバーのコメント
メンバーの行動
制度・運用面
当チームは後ろ向き
Aさんとの関連の薄いチームは総じて後ろ向き
減額する制度はない
Aさんには他の理由もあり
Aさんが賞与減額になって……
Aさんが賞与カットになるのは……
Aさんのようにならないように……

を上げることができず、当時勤務態度面にも問題があったために賞与が減額されたのだった。

他のチームの状況をチームリーダーに聞いてみたところ、Aさんの所属するチームや、Aさんの所属するチームと関係のあるチームでは、目標設定や案件への取り組みはさほど悪くなっていないとのことだった。逆に、自分のチームも含め、Aさんと業務上のつながりのないチームは、目標設定や案件の取り組みに対して後ろ向きだった（図表10-5）。

【ステップ5　データの当てはめ・仮説の進化】

まず、事実確認の結果、制度的にも、評価者による運用の面でも、チャレンジしてマイナスだった場合にペナルティが科せられるわけではないことが分かる。したがって、「成果が出ない場合のペナルティを恐れて」というよりも、「成果が出ない場合にペナルティがあると考えてしまって」としたほうが妥当である。

また、メンバーの話はすべてAさんの事例である。つまり、特定の個人がペナルティを受けたことから、成果が出ない場合にはペナルティがあると思い込んだのだ。では、なぜAさんの事例がそれほどまでにインパクトを持ったのか。おそらく金銭の絡んだペナルティだったことと、勤務態度などの他の事情が知らされずに難しい案件に取り組んで失敗したことのみがひとり歩きしてしまったからだろう。それは、Aさんの所属するチームやAさんと関係のあるチームでは、こうした傾向があまりないことからも裏づけられる。

そうであるならば、仮説は次のように進化させることができる。「業績の悪い場合に金銭面でのペナルティがあると誤解しているため、難しい業務に取り組んでうまくいかないリスクを回避している」（図表10－6）。

あらためて仮説を導く場合は、以前の仮説よりどれだけ進化したかに注意する。仮説がより踏み込んだものになるだけでなく、より確実なものとなることも、進化である。裏づけ補強型の検証の価値は、「どれだけ仮説が進化したか」で決まる。これまでのステップでの成果を十分に反映していただきたい。

図表10-6　進化した仮説例

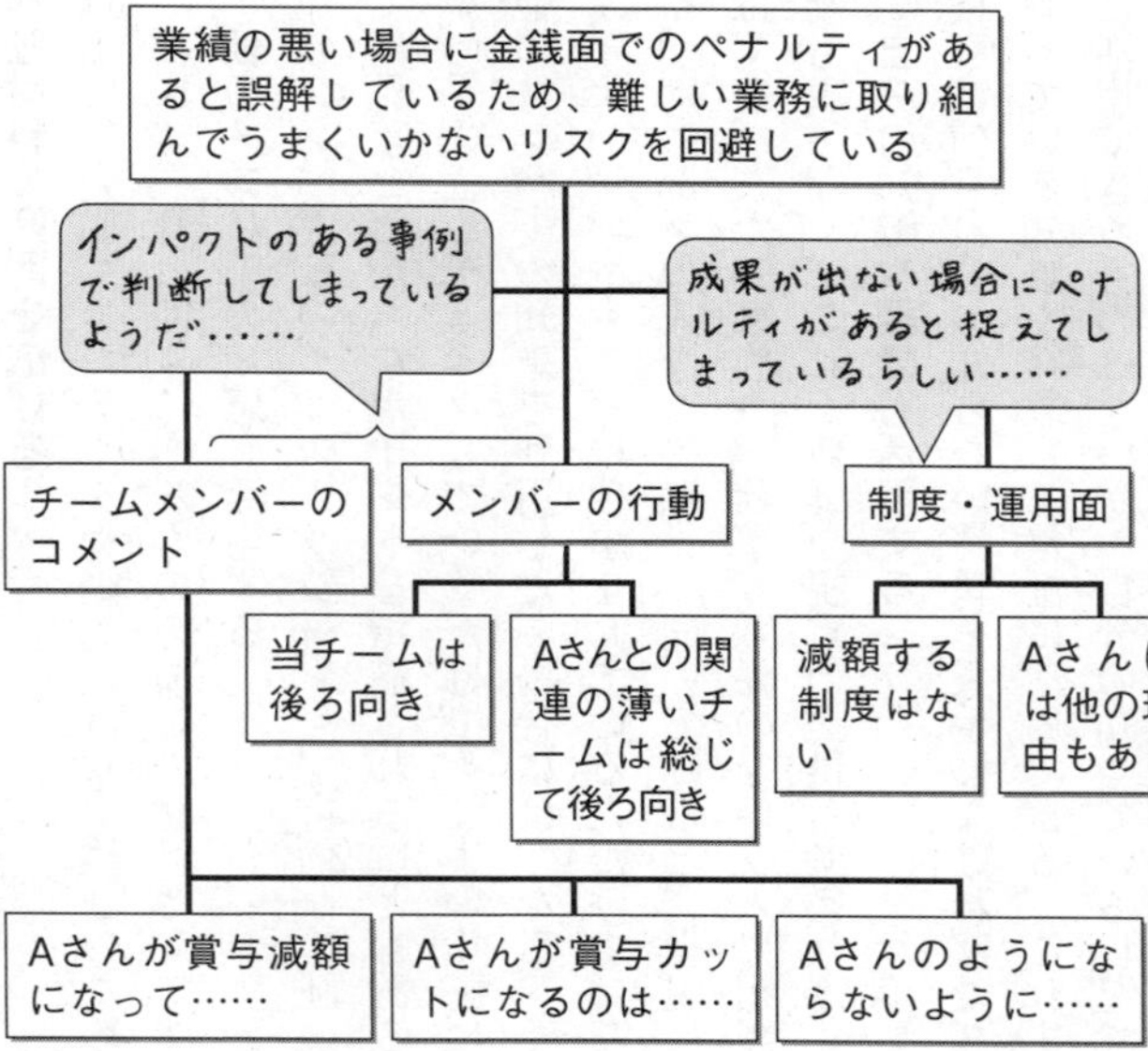
業績の悪い場合に金銭面でのペナルティがあると誤解しているため、難しい業務に取り組んでうまくいかないリスクを回避している
インパクトのある事例で判断してしまっているようだ……
成果が出ない場合にペナルティがあると捉えてしまっているらしい……
チームメンバーのコメント
メンバーの行動
制度・運用面
当チームは後ろ向き
Aさんとの関連の薄いチームは総じて後ろ向き
減額する制度はない
Aさんには他の理由もあり
Aさんが賞与減額になって……
Aさんが賞与カットになるのは……
Aさんのようにならないように……

【次のステップ】

もちろん、いま導いたものも仮説だから、今後は金銭の絡んだペナルティがもたらすインパクトや、Aさんが賞与を減額された他の事情を本当に知らなかったのか、についても検証する必要がある。ここまで考えをめぐらせたあなたは、ひとまず上司に自分の仮説を伝え、対策を打つべきか相談することにした。

　今回の検証で、仮説に具体性が加わり、メンバーが前向きに取り組もうとしない状況が一段と明確になった。この仮説で、より精度の高い行動を取ることができるだろう。

検証材料の範囲を広げる

以上で紹介してきたデータや調査だけが、検証のための材料というわけではない。もう少し幅広く、身の回りにあるものを検証の材料として活用してみよう。

①他のメンバーの知恵を活用する

他のメンバーとのディスカッションも、有効な検証の材料だ。仮説を導くときには、個人では見落としがちなポイントを指摘されることもある。こうした指摘をもとに、自分の仮説の妥当性をチェックしていくだけでも、よい検証になる。

他のメンバーの知恵を利用したい場合には、なるべく新鮮な視点を提供してくれる人を選ぶとよい。いつも一緒に仕事をしている人だけではなく、まったく違う仕事をしている人や、別の部署の人などの意見を聞いてみると、仮説に対する意外な見方を提供してくれるはずだ。また、家族や、仕事と関係のない友人に相談してよいアイデアが浮かんだという話もよく聞く。これも新鮮な視点の提供と考えれば、検証材料としては有効だろう。

②自分の知識や経験も活用する

検証は何も自分の知らない情報を入手しなければできないわけではない。自分の頭の中に眠っている知識や経験も、検証に活用できる。これまでの経験で、似たような事例で検証に活用できるものはないか、自分の知っている状況で当てはまりそうなものはないか、などをチェックするのも立派な検証材料の一つだ。

仮説を導くとき、私たちの意識は仮説に集中しており、視野が狭くなっていることが多い。そうなると、本来自分の持っていた発想や知識を思い出せなくなったり、仮説とは関係ないから使えないと勝手に切り捨ててしまうことになる。

他者との討議や自分の知識による検証は、たしかにデータの入手などと比べると厳密性に欠ける面はある。しかし、仮説や問いのスクリーニングや精度向上には有効である。いきなり調査をする前に、まずは自分の知識や発想の引き出しを検証しておくとよい。

検証の深さを決めるための三つのポイント

最後に、どの程度まで検証すべきか、つまり検証の深さについて考えていきたい。かなり突っ込んだ検証までできるなら、行動の精度も上がるし、仮説も進化する。しかし、検証のための時間や労力等のコストも、その分必要になる。何より検証をしっかり行えば、それだけ行動に移すのが遅れ、機会ロスが発生するかもしれない。

どこまで検証すればよいかは、状況に応じて「時間」「仮説のもたらすインパクト」「情報獲得の容易性」の三点から判断していくことが必要となる。

①時間

仮説をもとに行動に移すまでの時間は、検証の深さに大きな影響を及ぼす。数カ月かかるような大規模な調査を追加で行えばまったく新しい観点から顧客ニーズを把握できるとしても、一週間後にアクションを起こさなければならない場合は、こうした大規模調査による検証はあきらめ、より小規模の調査や一部の顧客への聞き取りをもとに検証せざるをえない。このように、検証すべき対象が明確に分かっていても、時間的な制約から不十分な検証結果をもとに行動に移らなければならないことがある。行動に移すまでにどのくらいの猶予があるのか、これが検証の深さを決める一番目のポイントだ。

②仮説のもたらすインパクト

あなたが、何か自分の能力を向上させるための学習をしたいと考えたとする。それが、たとえば二時間で終了する公開セミナーだったら、それほど細かく検証することはないだろう。費用や日程、テーマの有益性、講師のプロフィールなどをざっと確認し、参加して得られるメリットの仮説を導き、それをもとにした行動を取るだろう。一方、二年間、いまの職場から離れて海外留学を検討している場合はどうだろう。公開セミナー時の検証程度で、判断に踏みきれるはずはない。費用も、休職した場合のコストに加え、自分の報酬がその後どの程度変化するかも詳細に確認しなければならない。テーマについても、その後の自分のキャリアにどのように活かせるのか、自分の本当に進みたいキャリアに有益か、などの観点から丁寧に検証するはずである。つまり、同じ仮説でも、その仮説による行動が与えるインパクトの大きさによって、どの程度の検証が必要かは大きく変わってくる。

③情報獲得の容易性

いくら検証しようにも、裏づけとなる情報を入手できなければ検証のしようがない。第8章で紹介したように、宅配便の配送センターの数を調べようとしても、そもそも他に同様のセンターがなければ、それ以上調べようがない。このように検証すべきデータがない場合もあれば、データそのものはあるが入手が困難なものもある。たとえば、商品に対する顧客の潜在的な不満をすべて拾うということも難しい。そこで、表面的に現れたクレームで顧客の不満という仮説を検証することになる。裏づけとなる情報を入手できなければ、必ずしも十分とは言えない裏づけによる検証でも、それをもとに仮説を導き出して行動に移さなければならないのである。

検証は、調査の方法論に主眼が置かれることが多い。そうすると、データさえ入手できれば、検証は半分以上終わったと考えてしまいがちだ。しかし、仮説を進化させたり行動へ反映させることを考えると、むしろ入手したデータをどのように活用するかを考えるところから検証は始まると言ってもよいくらいだ。そのためには、仮説のどこが弱いのか、検証によって何が新たに分かったのかを理解しておかなければならない。

また、いつでも検証できるような態勢を取っておくことも重要である。その意味でも、常に「その仮説は確実か？」という問いを自らに投げかけることを心がけたい。

第11章　分析と仮説立案の実際

これまでは、分析と仮説立案について、それぞれ大まかなプロセスごとにそのポイントを見てきた。では、これらのプロセスを一連の流れで見るとどのようになるかを、架空の事例をもとに見ていくことにしよう。同時に、この事例を通じて、分析と仮説立案はどのように関連し合っているのかも見ていくことにする。

まずは題材を紹介しよう。前章までは定性的なデータをもとにした分析が中心だったが、この題材では定量的なデータが中心である。

あなたは中学生向けの塾で英語の講師をしている。あなたが教えている学習塾は、関東各地に二〇校を展開している。自分が担当している二年生のクラス（一四名）が一学期に実施した三回の模擬試験で、他校よりも平均が低いことが判明したため、自分の教え方に何か問題はないか、状況を分析してみることにした（図表11－1）。

図表11-1　生徒の試験結果

氏名	第1回	第2回	第3回
荒川	60	75	70
岩井	65	60	65
北野	55	60	60
久保	80	75	85
須藤	75	70	70
瀬川	90	90	95
手塚	70	65	65
戸田	65	50	55
中村	60	60	60
野村	65	60	65
浜口	40	55	50
平田	55	50	60
南	45	35	40
村井	50	55	55
平均	62.5	61.4	63.9
全国平均	68.3	67.9	69.1

では、実際にどのような流れで分析と仮説立案を進めていくのかを見ていこう。以降では、仮説を導き出すまでのプロセスを七つのパートに分けていく。なお、各パートは、この題材に対してどのように分析や仮説立案が進められているのかを説明する［思考プロセス］編と、前章までで説明したポイントがそれらにどう反映されているのかを解説する［ポイント］編の二つから構成されている。

パート1：生徒たちの試験結果はどのように見えるか？

［思考プロセス］

自分が受け持つ生徒の成績不振

図表11-2　生徒の属性視点

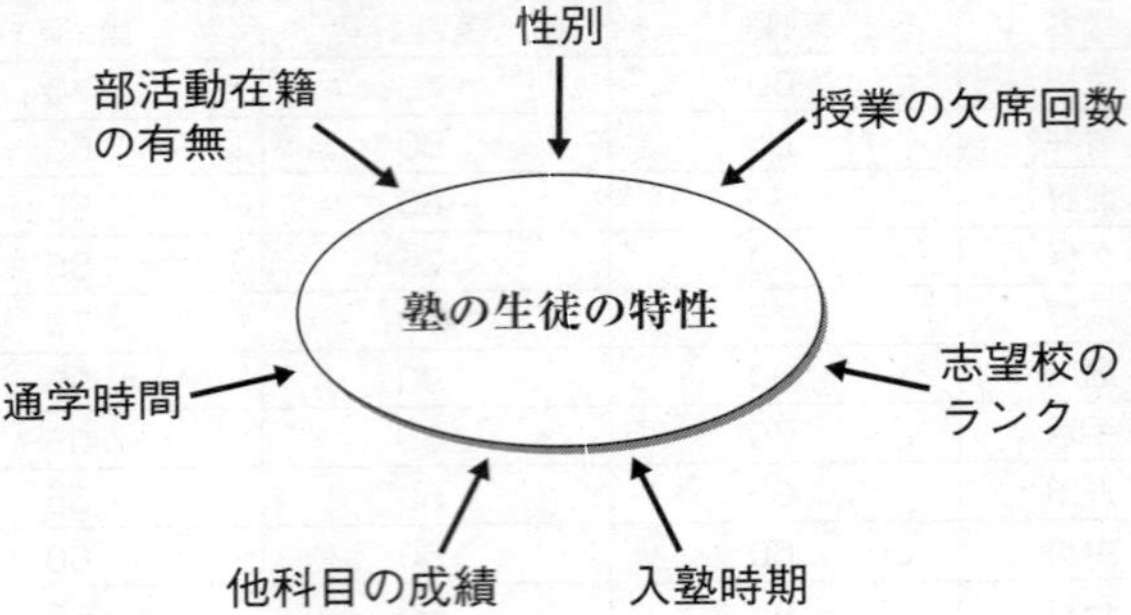
性別
部活動在籍
の有無
授業の欠席回数
塾の生徒の特性
通学時間
志望校の
ランク
他科目の成績
入塾時期

を考えるために、模擬試験のデータをどのように見ればよいだろうか。視点としては平均やバラツキなどが考えられるが、今回は平均の状況を見ていくことにする。バラツキでも意外な傾向は見えるかもしれないが、個々の生徒の状況よりも全体の傾向を見たほうがよいからだ。

とはいえ、単なる一四名の平均だけからは何も見えてこない。どのような観点で見ることができるか。一つは生徒の属性である。そこで、個々の生徒の属性での観点にどのようなものがあるかを挙げてみた（図表11―2）。中でも、特に得点の推移に影響を与えそうな属性として、以下が挙がった。

・性別
・入塾時期
・通学時間
・部活動在籍の有無
・授業の欠席回数

図表11-3　各属性も含めた試験結果

氏名	性別	入塾時期	通学時間（自宅～塾）	部活動の有無	欠席回数（4月～6月）	第1回	第2回	第3回
荒川	女	2007年10月	30	有	0	60	75	70
岩井	女	2007年 4月	90	無	1	65	60	65
北野	男	2008年 1月	40	無	2	55	60	60
久保	男	2008年 4月	40	有	0	80	75	85
須藤	女	2008年 4月	45	無	0	75	70	70
瀬川	女	2007年 4月	15	無	0	90	90	95
手塚	男	2007年 4月	30	有	2	70	65	65
戸田	女	2008年 2月	30	有	1	65	50	55
中村	男	2007年 4月	40	無	1	60	60	60
野村	男	2007年 4月	45	有	0	65	60	65
浜口	男	2007年10月	70	無	3	40	55	50
平田	女	2007年 4月	20	有	1	55	50	60
南	女	2007年 4月	30	有	5	45	35	40
村井	女	2008年 1月	60	無	2	50	55	55
					平均	62.5	61.4	63.9
					全国平均	68.3	67.9	69.1

　こうした属性も合わせて一覧にしたものが、図表11‐3である。他にもさまざまな観点があり、所属部活動を体育系とそれ以外に分けるなど、観点をさらに細かくすることは可能だ。しかし、今回はひとまずこれらの観点をもとに分析と仮説立案を進めてみる。

[ポイント]

　まずはデータをバラすのにどのような観点で見るべきかを考える。いきなり属性に目を向けがちだが、まずはバラしたデータの何を見るべきかを決めるわけである。この例のように、平均で見るのか、バラツキで見るのかを決める。この例では適切でないが、中央値や最

図表11-4　各属性に集約した結果

性別		第1回	第2回	第3回
	男	61.7	62.5	64.2
	女	63.1	60.6	63.8

入塾時期		第1回	第2回	第3回
	2007年4月	64.3	60.0	64.3
	2007年10月以降	60.7	62.9	63.6

通学時間（自宅～塾）		第1回	第2回	第3回
	30分以内	64.2	60.8	64.2
	30分超	61.3	61.9	63.8

部活動の有無		第1回	第2回	第3回
	有	62.9	58.6	62.9
	無	62.1	64.3	65.0

欠席回数（4月～6月）		第1回	第2回	第3回
	0回	74.0	74.0	77.0
	1回	61.3	55.0	60.0
	2回以上	52.0	54.0	54.0

	第1回	第2回	第3回
生徒平均	62.5	61.4	63.9
全国平均	68.3	67.9	69.1

欠席回数が増えると極端に平均点が下がる

頻値で見る必要のある場合もある。

これが決まったら、どうデータをバラすかを考える。ここで考えておく必要のあるのは、生徒にどのような特性があるかということだ。これがデータをバラす際の切り口になる。

パート2：バラした生徒の得点データから目のつけどころを決める

【思考プロセス】

洗い出した属性をもとに、一四名の成績データをバラす。つまり属性別に集計してみる

（図表11-4）。

この結果があれば、どこに目をつければよいかは一目瞭然だ。それは、欠席回数の箇所だ。欠席回数がゼロの生徒は全校平均を大幅に上回っているが、欠席回数が増えると得点は下がる傾向にあるからだ。

［ポイント］

第4章で述べた通り、定量データの場合、データの切り口が洗い出されれば、切り口に応じて集計していけばよい。そして、集計した結果を比較すれば、目のつけどころが見えてくる。この場合、集計した平均が特に低いという切り口があれば、そこが目のつけどころだ。

パート3：検証は適切な比較対象で

［思考プロセス］

ここまでで「欠席回数が多いと得点が下がるのが問題」という仮説を導くことはできる。しかし、このレベルの仮説から、いきなり具体策を考えるのは危険だ。この傾向が自分だけに言えることなのか、それとも全校でも同様の傾向が見られるのかによって、データの読み取り方がまったく変わってくるからだ。つまり、別の比較対象として、全校レベルでの欠席回数ごとの平均得点のデータが必要になる。こうした比較対象をもとに、「欠席回数が多いと得点が下がるのが問題」という仮説が自分特有の傾向なのかを確認する。

全校の欠席回数別の平均点を調べてみたところ、次のような結果だった（図表11-5）。どうやら、欠席回数が増えるごとに大幅に平均点が下がるのは自分特有の傾向のようだ。ここで、先ほどの仮説が補強されたことになる。

図表11-5　欠席回数別、全校の平均点の推移

試験結果 ＼ 欠席回数	第1回	第2回	第3回
0回	71.7	70.3	70.1
1回	68.2	70.1	68.4
2回以上	68.1	65.4	68.8

［ポイント］

目のつけどころが決まったとしても、いきなり仮説を導き出すのは危険である。その理由の一つはこの例に表れている。比較対象として妥当なものでなければ、そこから導き出される仮説は視点のズレたものになるからだ。そうならないために、あらためて妥当な比較対象を選ぶ必要がある。目のつけどころは、あくまでも注目したいポイントにすぎない。適切な比較をもとにした検証を通じて初めて、仮説となっていくことを忘れてはならない。

パート4：データから何を知りたいかを問いにする

［思考プロセス］

この仮説をもとに対策を考えていくと、一番簡単なのは「生徒が欠席しないようにする」ということになる。しかし、現実を考

えるとそれは難しい。生徒にもそれぞれ事情があるからだ。常に塾への出席を優先させることはできない。そもそも、この対策は分析の当初の目的からも外れている。目的は「自分の教え方に何か問題はないか」を探ることだったはずだ。そこで、さらに分析を深め、仮説を進化させていかなければならない。

では、この時点での問いは何だろうか。ここで疑問となるのは、全校の平均で見ると欠席回数と得点に相関関係はあまり見られないのに、自分の場合だけ欠席回数が得点に影響を与えていることだ。ここでの分析の目的が、自分の教え方の問題点を探ることだとなると、ここで知りたいこと、つまり問いは「欠席者の得点が低くなるような教え方とは何か？」である。

［ポイント］

パート3までの流れで目のつけどころが決まったら、第8章で述べたような問いにしていくと、より精度の高い仮説に近づく。その際にまず押さえておくべきは、この分析および仮説を導く目的だ。問いを立てるということは、目的の再確認にもつながる。このパートで対策を考えたとき、目的は「欠席回数の多い生徒を改善する」ことだった。しかし、これでは当初の分析目的からズレている。そこで、どのような仮説が必要かを問いとするステップを踏むことが、目的に回帰するカギとなる。そうすることによって、数値から短絡的に対策を考える、すなわち数値に振り回されるような事態を避けることができる。

パート5：仮説を導くための裏づけを探す

［思考プロセス］

次は「欠席者の得点が低くなるような教え方とは何か？」という問いの答え、つまり仮説に対する裏づけが必要となる。この仮説を導く際に裏づけとなりそうなデータとして、欠席の多い生徒の声が挙げられる。欠席の多い生徒に、自分の教え方のどこが悪いかを直接確認できれば、それで仮説を導くことができるだろう。しかし、まずはすぐに入手できるデータで仮説を導いておきたい。そこで、自分の教え方や教育に対する考え方を振り返ってみた。

> 塾の授業で求められることは、かぎられた時間でどれだけ学習効果を上げられるかだと考えている。ここでの学習効果とは、どれだけ短時間でどれだけ多くのことを学習できるかにほかならない。だから、事前に長期的な授業計画をきっちりと立てている。
> また、自分で言うのも何だが、教え方はうまいと思っている。他の講師の授業を何度か見学してみたが、明らかに自分の授業内容のほうが分かりやすい。自分の授業を見学した同僚も、同様の意見だった。だから、一回あたりの授業で教えられる量は他の講師の一・二倍くらいはあるだろう。こうして密度の濃い授業を行い、一学期の履修事項は極力早く終わらせるようにしている。残った時間はより実戦的な問題を解く時間に当てている。そこで発展的な問題に取り組むことができるのだ。

［ポイント］

問いが決まれば、それに対する答えを考えていくことになる。ただ、これまでに使ったデータは生徒の得点だけで、これでは問いである「欠席者の得点が低くなるような教え方とは何か？」の答えは得られない。教え方や、教わる側の反応に関するデータがないからだ。

そこで、この例のように関連しそうなデータを探す。問いが明確になっているのだから、教え方に関するデータを入手すればよいことが分かる。こうした手順を踏めば、ピントが合い、かつ効率的なデータ収集が可能になるのだ。

パート6：データの意味を読み取り、仮説を導く

［思考プロセス］

こうして振り返っても、自分の教え方のどこが悪いのかは見えてこない。そこで、「欠席した生徒」にどのような見方があるのか、つまり「欠席した生徒」とはどんな生徒なのかを考えてみることにした。

すると、「忙しい」「やる気がない」「塾での勉強が好きでない」などがまず思い浮かんだ。しかし、これらは欠席する理由であって、それが自分の授業方針とどう関係して成績不振に影響しているかは不明だ。他にも「お金を払いながら対価となるサービスを受けて

図表11-6　欠席した生徒とは？

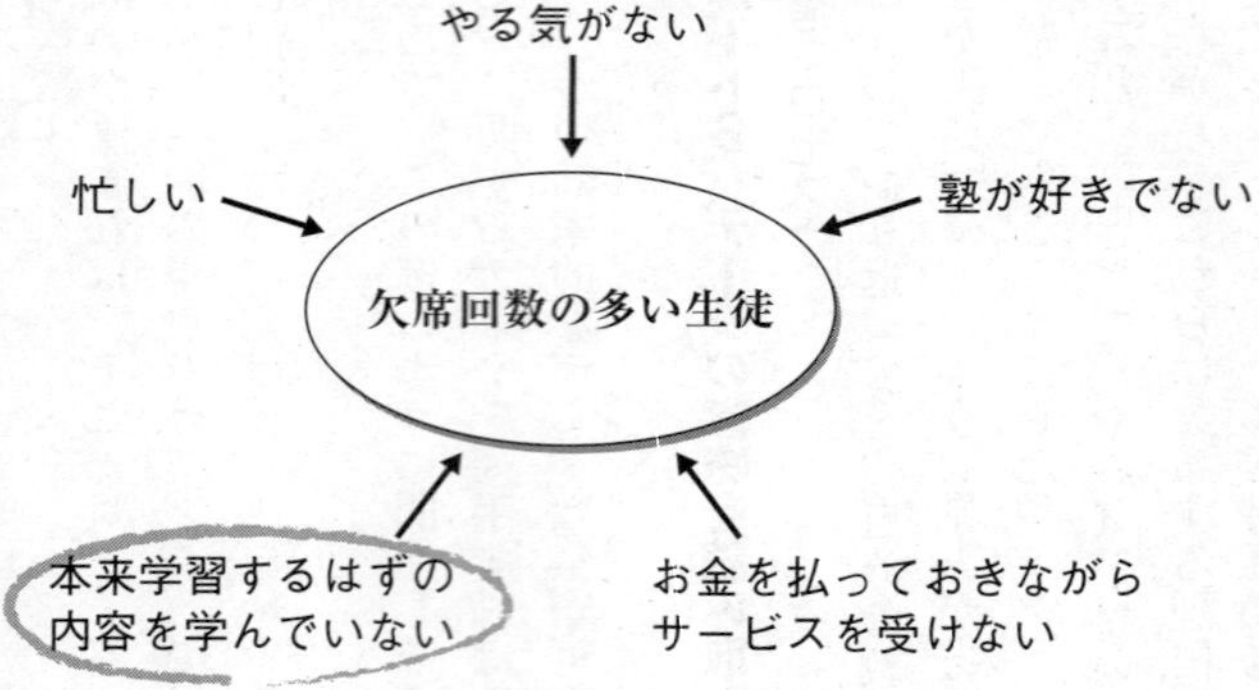
やる気がない
忙しい
塾が好きでない
欠席回数の多い生徒
本来学習するはずの内容を学んでいない
お金を払っておきながらサービスを受けない

いない」という見方も思い浮かんだが、これも授業方針とは関係ない。そこで、「授業方針」という言葉で、ある見方を思い出した。それは「本来学習するはずの内容を学んでいない」生徒、というものだ(図表11-6)。

同様に、自分の授業方針もどのような見え方がするのかを振り返ってみた。もちろん効率的だろうし、ある程度教える側の能力が必要になる。同様に教わる側もついてくるのは大変だろう。では、欠席した生徒にとってはどうだろうか。一回あたりの授業で履修する内容が多いから、一度欠席してしまうと、その分の理解が不足する。つまり、欠席した生徒にとって、抜けてしまう履修内容がより多い授業だということになる。また、授業計画がきっちりしていて分かりやすいことから、欠席しない生徒の理解が滞ることがない。反面、欠席している生徒にとっては、一度でも欠席するとその遅れを取り戻すのが大

図表11-7　授業方針はどう見えるか？

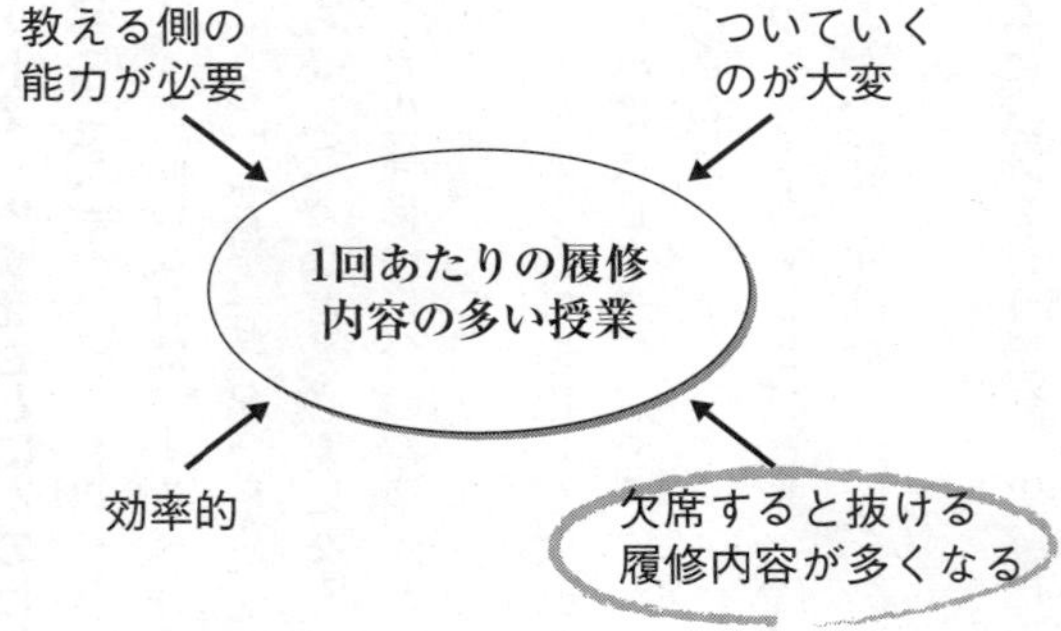
教える側の
能力が必要
ついていく
のが大変
1回あたりの履修
内容の多い授業
効率的
欠席すると抜ける
履修内容が多くなる

変な授業だということになる。これらをまとめると、問いへの答えとなる仮説として、一回あたりに数える量が多くかつ振り返る機会の少ない教え方をすると、欠席の多い生徒の得点が上がらない、というものを導き出すことができる（図表11―7）。

［ポイント］

ここでは、第6章「データの意味を読み取る」、第9章「仮説を導く」で触れたようなポイントをもとに、データの持つ意味を読み取り、仮説を導くことが必要になる。もちろん、この例のように、一筋縄にはいかないケースも多々ある。こうした場合のカギは、第9章で触れた「事実の見方」だ。その場合は、この例のように、対象がどのように見えるかを再度振り返ってみる必要はあるだろう。

この例でも、自分の授業は欠席の多い生徒にとってはどのようなものかを、「自分の授業スタイル」「欠席の多い生徒」を多面的に見ることによってとらえることができたため、最終的に仮説に結びついている。

パート7：仮説をもとに次の行動に移る

[思考プロセス]

答えが明確になれば、するべきこともある程度明確になってくる。それは、授業計画に「のりしろ」を持たせることだ。欠席者が出ることを想定して、前回の復習や授業ペースを遅らせることなども必要になる。もちろん、これらも仮説だから、生徒の欠席理由や、欠席した生徒には自分の授業がどのように感じるかを、実際に確認しておかなければならない。

こうしてあなたは進化した仮説と、仮説に基づいた改善策、そしてさらに仮説を進化させるために検証すべき点を手に入れることができた。

[ポイント]

仮説を導き出すことができたら、次にすべきことは二つある。一つは、第10章で紹介したような検証に向けた方向性を決めること、そしてもう一つは、仮説をもとに行動に移ることである。

さらに検証を行う場合、実験による検証か、裏づけ補強による検証かをまず決める。この例の場合は、実際に授業スタイルを変えるという実験もできるが、その前に裏づけを補強するために（生徒の欠席と自分の授業スタイルのミスマッチを生徒側がどのように感じているか）、どのようなデータが必要かを考えている。こうした裏づけの補強をすれば、より具体的な授業の進め方に関する仮説を導き出すことができるだろう。

もちろん、検証せずに仮説をもとに行動へ移すこともできる。仮説を導き出したことで、自分の授業スタイルを生徒に合わせたスタイルへと、より具体的なものにできている。単に「授業の仕方を改善する」というよりも、より精度の高い行動につながるだろう。

パート7までの全体の流れを、仮説立案と分析したことをベースにして示したのが、**図表11-8**である。ベースとなる仮説立案のプロセスがあり、その下支えとして、分析の「バラす」「比べる」「意味を読み取る」が反映されていることがお分かりいただけるだろう。このような形で、仮説立案と分析は連動している。

同時に、分析や仮説立案が進むにつれて、その時点での結論がよりしぼり込まれ、具体的になっていることもお分かりいただけるだろう。

もちろん、パート6のように前に進まなくなったら、再度「多面的に対象を見る」まで戻ればよいのであって、必ずしも一直線のプロセスで仮説を導き出せばよいわけではない。大きな流れを意識しながら、行き詰まったら前のプロセスに柔軟に戻って分析を行い、仮説を導いていくようにすればよいのである。

	成果物	仮説立案	分析
パート4	「欠席者の得点が上らないような教え方は何か?」	問いを立てる	
パート5	自分の教え方の方針		(裏づけ)
パート6	欠席した生徒の見え方	目のつけどころ(多面的に見る)	特性によるバラし
	欠席した生徒は「本来学習するはずの内容を学んでいない生徒」	目のつけどころ(多面的に見る)	
	自分の授業は、一度欠席すると遅れを取り戻すのが難しい	仮説を導く	読み取り(「……な生徒」にとって自分の教え方はどのように見えるか?)
パート7	授業計画に「のりしろ」を持たせる ・生徒の欠席理由の確認 ・欠席した生徒の授業の印象	行動 検証(裏づけ補強)	

図表11-8　仮説立案と分析と成果物との関係

	成果物	仮説立案	分析
パート1	試験結果のデータを平均で見る ・平均 ・バラツキ　等	目のつけどころ （多面的に見る）	
パート2	試験結果のデータを見るための項目	目のつけどころ （多面的に見る）	
	試験結果のデータを以下の視点で一覧		MECEにデータをバラす
	「欠席回数の多い生徒の得点が低い」という傾向	目のつけどころ	比較（属性間）
パート3	欠席回数の多い生徒の得点が低いのは自分特有の傾向	目のつけどころ	比較 （全校の欠席回数別平均）

第4部　仮説思考を実践するために

これまでは、精度の高い仮説を導くための考え方を紹介してきた。しかし、精度の高い行動を取るところまでが仮説思考である。単に精度の高い仮説を導き出せば行動につながるわけではない。その際に注意したいポイントもいくつかある。第4部では、そうした点について触れていく。

第12章　分析・仮説立案から行動へ

これまで、分析の考え方と仮説立案の技術を紹介してきた。こうして一通り見ると、次のような疑問が浮かんでくるのではないだろうか。「どこまで分析をすればよいのか？」「どんな結果が出れば分析を終わってよいのか？」「どんな仮説まで導かなければならないのか？」。

もちろんこうした疑問に対する決まった答えはない。しかし、一定のガイドラインはある。本章では、分析を終え仮説を導いてから行動に移る際の考え方を紹介し、同時に、仮説をもとに行動する際に心がけるべき点についても紹介する。

どこまで分析・仮説立案を掘り下げるかは自分次第

第3章で定義した通り、仮説とは「現時点で正答にもっとも実現する可能性の高い説」である。したがって、仮説＝正答ではない。同様に、分析結果とは、あくまでも自分が現在持っているデータや情報をもとにした分析の結果である。つまり、どちらも完全ではないし、絶対の正解でもない。まずこのような認識を持つことが重要である。

こうした意識があれば、分析結果や仮説を金科玉条とすべきでないことが分かる。しかし同時に、「分析結果」や「仮説」は不完全なものだからまったく無意味だ、と切り捨てるのが間違いであることも理解できるだろう。完全ではないながらも、分析したからこそ見えてきた事実に意味があるのだ。また、分析結果や仮説に改善の余地があることを自覚して、その精度を高めていく、という姿勢は常に持っておかなければならない。

では、どこまで分析や仮説立案を行えばよいのだろうか。理想を言えば、「目的を達成するまで」ということになるだろう。自分の見たい対象がはっきり見えた段階、もしくはしっかりとした裏づけで補強された仮説が導かれるまでが理想である。しかし、なかなかそうもいかないのが現実だ。時間的な制約もあるだろうし、情報入手が難しいという場面にも直面する。自分ひとりでできる限界もあるかもしれない。そうした制約を考慮しながらも、できるところまでするというのが現実的な姿だ。逆に言えば、自分が納得できるところまで分析や仮説立案を進めればよいのである。

制約の中で、できる範囲まで分析・仮説立案を行う

ただし、どこまで分析や仮説立案をすればよいかを自分で決めることができるので「こ

んなデータを見る必要はない」「ここまでやっても意味はない」「分析をしなくても結果はもう分かっている」と、自分の中で勝手に枠を作ってしまわないようにしたい。先入観でデータを選別した時点で、分析や仮説は偏ったものになる。データの選別は、分析や仮説立案の目的に沿ってするものであって、決して自分の都合で決めるものではない。

同時に注意したいのは、「時間がない」ことを、分析や仮説立案を行わない「言い訳」にしないことだ。コンサルティング業界では、分析に関して「クイック&ダーティー」という表現が用いられる。多少ラフでもいいからスピーディーに分析を行い、素早く行動に移りなさい、という意味だ。この言葉は一面では正しい。しかし同時に、真に受けると非常に危険な言葉でもある。かぎられた時間の中では、「時間がないから、十分な分析ができなくても仕方がない」という、「言い訳」になりかねないからだ。

私たちが心がけるべきなのは、「かぎられたデータや少ない時間の中で、可能なかぎりの分析をし、仮説を導くよう努力する」ことだ。時間的制約やデータ面での不足がどの程度なのかを把握することと、先入観を持ったり言い訳を考えて分析や仮説立案をやめることとは、似て非なるものだ。制約を考慮しているつもりが、いつの間にか先入観で制約を作り上げたり、言い訳にしたりしないようにしたい。制約を勘案してもまだできるのに、途中で分析をやめてしまうことはもっとも慎まなければならない。

先入観にとらわれないために、心がけておくとよい点を二つ紹介しよう。一つは、自分はどこまで分析しているか、どの程度の精度の仮説を導いているのか、どこまで進められそうか、という状況を客観的に把握しておくことだ。

「バラす」「比べる」「読み取る」という分析の三つのステップの中で、それぞれどの程度掘り下げられているのか、「多角的に対象を見る」「目のつけどころをとらえる」「問いを立てる」といった仮説立案の流れでどれだけ踏み込めたかを客観的に見るようにする。本書でも何度か述べているが、自分の成果物や思考プロセスを客観視することで、改善すべき箇所とその改善の必要度が見えてくる。そうすると、どうしても改善しなければならない部分も見えてくるだろう。したがって先入観に引きずられることを避けながら、分析や仮説の質を高めることができるようになる。

もう一つは、自分が当初「これでOK」と思ったところから、もう一段分析や仮説を深めることだ。何か成果物を考え出したときのことを思い返していただきたい。自分なりに掘り下げたと思うものでも、時間をおいて再度振り返ってみると、改善すべき点の多いことに驚くことがあるだろう。それは、成果物を考えている間には気づかなかった改善点が、時間が経つにつれて見えてくるからである。

もちろん、何度もブラッシュアップする機会を持つことができるなら、その機会を十分に活用して分析の解像度を高めたり、仮説の精度を上げることが望ましい。しかし、時間が十分取れない場合には、成果物を「よし」とするハードル自体を高くして、もう一段分析を進め、仮説を見直すよう心がけることが必要だ。

仮説思考を実行に結びつけるために

仮説や分析は、あくまでもどのような行動を取るか、という意思決定の指針を得るためのものである。したがって、分析を終え仮説を導いた段階では、次に取るべき行動が必然的に明確になっているはずだ。

精度の高い仮説や掘り下げられた分析結果があれば、進むべき方向は、より具体的なものとなるだろう。その中に、取るべき行動の候補がいくつか挙がってくるはずだ。それらを比較しながら、自分がもっとも適切と考える解決策をとればよいのである。

その際、仮説との整合性に注意を払わなければ、分析や仮説立案をした意味がなくなることを忘れてはならない。第7章で紹介したブックオフの事例を思い出してほしい。ブックオフを創業する際、「新刊書を一般書店よりも安く販売する店舗」という仮説を導いた。この仮説に沿った店舗作りには、新刊書と同等の中古書籍を不足なく調達することと、低価格販売でも収益を出せるような低コストの店舗運営が必要になる。そこで、書籍調達の際に生じる煩雑さを解消するために、誰でもすぐに買い取り価格を決定できる仕組みを作り上げ、同時に、販売価格や陳列位置に一定の基準を設けることで、誰でも店舗運営ができる仕組みを作った（直営2号店の店長はパートタイマーだった）。こうした施策は、すべて「中古本のコンビニ」という仮説を実現するためにとられたものだ。

また伊右衛門は、「日本人のDNAに刻み込まれた記憶を呼び起こす安心感」という仮説に沿って商品化されている。この仮説を体現するために実施したのが、京都の老舗茶舗との提携であり、竹筒型のボトルというパッケージであり、その世界観を体現したCMである。これらは単に見た目のインパクトやユニークさを狙ったのではなく、あくまでも仮説で描かれた世界観を体現することを目指したものだ。こうした分析や仮説との一貫性が、取るべき行動を決定するもっとも重要な基準になる。

もう一点、仮説思考で行動に移る前に心がけたいこととして、仮説や分析結果と関連のない行動は極力避けることが挙げられる。私たちは、失敗をできるだけなくそうとする潜在意識が働いてしまうせいか、仮説や分析とはあまり関係のない行動も「念のため」と考えて取ってしまう。そうした「念のため」の行動を取ろうとするときには、なぜその行動を取らなければならないのか、をあらためて考える必要がある。

そうした行動を取らせる仮説や分析は、まだ信用できないレベルにある。言い換えれば、精度という点ではもうひとつであることを証明している。リスクヘッジのために余計なことを考えている時間があるのなら、仮説や分析結果のブラッシュアップに時間を費やしたほうが、よほど精度の高い行動が実現できる。また、仮説や分析から導かれたこと以外の行動は、仮説立案力や分析力の向上を阻害することにも注意したい。こうした行動が含まれることによって、検証の際に何がよくて何が悪かったのかの判断が妨げられる恐れがある。それは自らの仮説思考の弱点や改善点を隠し、仮説立案力や分析力を向上させる機会を奪うもとになる。ぜひ自ら導いた仮説や分析結果には自信を持って、その内容「だけ」を反映した行動を取ってほしい。

それでも「実行を！」という方々へ

「分析悪玉論」をよく耳にする。「分析ばかりしていて行動を起こそうとしない」「素早い行動が重要なのに、分析に時間を使いすぎる」などだ。こうした声の背景にあるのは、「分析などをする暇があったら、さっさと行動しろ」という考えだ。

仮説や分析は行動をよりよくするためのものである。仮に最終的にどちらかを選ぶとなったら、行動を取らなければならない。

しかし、一方で仮説や分析による支えのない行動はやり直しが多く、うまくいかない確率が飛躍的に増大するのも事実だ。つまり、よりよい行動をガイドするために仮説や分析は不可欠なのだ。その点から言えば、よい行動に結びつかない分析や仮説は単に精度が低いというだけで、分析や仮説立案自体が不要なわけではない。

では、なぜ行動に移ろうとしないのか。行動に移せない理由に、よく分析マヒという言葉が使われる。分析に熱中するあまり、行動に移れないことだ。しかし、実行できないのは、決して分析に時間を取られたり分析に夢中になるためばかりではない。仮説や分析の精度が低く、行動を起こす「ふんぎり」がつかないことも、その大きな要因となっている。こうした状況を打開するには、分析や仮説立案を無視したり敵視するのではなく、より早くより精度の高い分析力や仮説立案力を身につけることがもっとも有効だろう。

分析結果や仮説は山岳ガイドと同じだ。ガイドがいなければ、無理な登山計画を強行したり、状況判断を誤る可能性が高く、その結果、遭難などの事態を招きかねない。こうした事態を防ぐためにガイドを雇う。仮説や分析も同じことだ。効果的でない戦略や無理な計画を実行してしまわないように仮説を導き、分析を行うのだ。

私たちに求められているのは、悲惨な結果を招かないような、解像度の高い分析を行うこと、そして分析が終わったと判断したら速やかに分析結果に基づいたアクションを起こすことなのである。

分析と実行は二者択一ではない。片方に重点を置きたいがために、他方を貶めるような不毛な議論には何の意味もない。ぜひ解像度の高い分析結果や精度の高い仮説をスピーディーに生み出すことができるよう、自信を持って最大限の努力をしていただきたい。

第13章　チームで仮説思考を進める

ここまでは、個人を想定しながら仮説思考の進め方、そして仮説思考を支える分析力について見てきた。しかし仕事の現場では、個人で仮説を立て検証するケース以上に、チームで仮説思考を進めていく場面が多い。この章では、チームで仮説思考を進めるためのポイントについて見ていくことにする。

チームで仮説思考を進めるメリット

まず、チームで仮説思考を進めると、どのようなメリットがあるかを整理しておこう。

①多様な視点を得られる

人は誰も、まったく同じものの見方はしない。そうした視点の多様性は、仮説思考には不可欠である。仮説立案までのさまざまな思考技術、つまり対象の見方、目のつけ方、問いの立て方、仮説の導き方のどれを取っても、固定した思考や視点から精度の高いものを生み出すのは難しい。精度の高い仮説を生み出す源泉として、多様性は不可欠だ。それを与えてくれるメンバーがいることだけでも、チームで仮説思考を進めるメリットは大きい。

②仮説思考を加速させる

仮説思考では、裏づけとなる数値データなどの情報が必要になる。こうした情報の入手や整理にかける時間も、単独行動ではばかにならない。また、自分が知らなかった情報を他の人が持っていたり知っていたりするケースはザラである。こうした情報入手や整理を共同でできる分だけでも、仮説思考のスピードは大幅に向上する。

さらに、前述したディスカッションによる検証を行う場合の相手も、チームで仮説思考を進めていればすぐに確保できる。こうした時間短縮のメリットは大きい。

そして、行動にも移りやすい。ひとりで導き出した仮説をもとに行動に移そうとした場合、関係者が動けるよう働きかけをする必要がある。こうした働きかけには多大な時間を要する。場合によっては、仮説立案に要する時間を上回ることもあるだろう。チームで仮説立案をしていけば、その時間がメンバーの分だけ不要になる。

③仮説に対する納得性を高める

私たちは、何かを決定する場では、決定されるものに対してコミットしようとする。そうして決定されたものへの当事者意識を持つのである。したがって、仮説を導き、検証する段階で自分の意見が反映されれば、それだけ仮説に対する納得性も高まる。これを個人個人に仮説を導いて説明しようとすれば、仮説立案の背景からその妥当性の説明までに膨大な時間がかかるだけでなく、その説明を納得してもらえるかどうかも確実ではない。関係者をあらかじめ巻き込んだチームで仮説思考を進めることは、その関係者への納得性を高めるのに不可欠なものだ。

チームで仮説思考を進める場合のコツ

以上のように、チームで仮説思考を進めるとさまざまなメリットがあることは、お分かりいただけたと思う。ただし、単にチームを結成すれば、精度の高い仮説を導くことができるわけではない。チームで仮説の精度を高め、前述のメリットを活かすためには、いくつか工夫すべき点がある。その点を見ていくことにしよう。

①多様性を確保する

メンバーを集めれば、自然と多様性のある視点が生み出されるわけではない。多様性確保のための工夫が必要になる。ここで確保すべき多様性とは、チームメンバーの多様性と、メンバーのもたらすものの見方や疑問、仮説などのアイデアの多様性の二つである。

メンバーの多様性確保

チームのメンバーを結成する段階で、多様性のあるメンバーか否かを確認しておくことが必要である。私たちは同質性の高いメンバーと仕事をすると心地よく感じるため、意識してておかないと、似たような考えの持ち主ばかり集まってしまったという事態になりかねない。性別や年齢、職歴などのバランスに注意することは当然として、なるべく「ウマの合う」人ばかりを集めないことだ。同時に、チーム内のパワーバランスにも注意を払うようにする。似たような経験をしてきたベテランが一定数チーム内にいると、自分たちの考えを押し通そうとすることが多くなるかもしれない。

アイデアの多様性確保

多様なチームメンバーが集まっても、出てきたアイデアが似たようなものばかりでは意味がない。ベテランのパワーバランスのせいで斬新なアイデアが出てこないという事態を避けるのは当然として、斬新なアイデアが出てきてもそれを無意識のうちに握りつぶすことへの対処も必要だ。そのためには、出てきたアイデアをいきなり評価するのは避けたほうがよい。評価をいったん保留して、そのアイデアはどのように活用できるか、どんな経緯で生まれたのかを確認するところから始めたい。

また、メンバーの中に固定した思考の枠ができていないかのチェックも必要になる。ディスカッションをしていると、暗黙のうちに思考の枠が構築され、その枠外の意見を拒否しようとする雰囲気が生まれることが多い。常に目的を意識しながら、どこまでのアイデアなら是認すべきかを確認しておくことが重要だ。

②仮説思考が進むような場を作る

仮説思考が進みやすいような場を作ることも忘れてはならない。もちろん、フォーマルな形でのミーティングにする必要はない。数名でのざっくばらんな打ち合わせでも、仮説思考が進むような場を心がけるべきだ。そのためには、チームの人数や雰囲気、方向性の統一やツールに注意しておく必要がある。

人数

多様な視点も重要である一方、あまりにメンバーが多くなっても仮説思考を進めるのは難しい。中にはただ乗り的な参加者がいたり、その場の雰囲気を悪くするような態度を取るメンバーも現れるからだ。もちろん導き出したい仮説の内容にもよるが、全員が真剣に仮説に取り組むことが可能か、という観点から人数を決定することが必要だ。

雰囲気

前述した雰囲気だが、どのような雰囲気がよいのだろうか。仮説思考を進めるにあたって望ましい雰囲気として、

・相互に支援し合う
・頭ごなしの否定は避ける
・同じ目標に向かって取り組んでいると実感できる
・相手の話をよく聞く

・納得いくまで話をする

などが挙げられる。こうした雰囲気を作り上げ、維持することも重要だ。逆に互いの主張を批判し合ったり、無関心になったり、さらには自分の主張を押しつけ合うような雰囲気の中では、精度の高い仮説を導くことはできない。

方向性の統一

同じ目標に向かうからには、メンバーの考える方向性を一致させる工夫は必要になる。また、スピードという点を考慮すれば、似たようなアイデアが出たり、仮説を導く過程が堂々めぐりにならないようにしなければならない。その一番有益な方法が、方向性やアイデアの「見える化」だ。これまで議論した過程や出てきたアイデアを、ホワイトボードやフリップチャートなどに書き出したり、PCに入力してプロジェクターで投影したりすれば、同じ議論を蒸し返すこともなくなるし、場が行き詰まることも避けられる。

ツールの活用

こうした場を作る際に有効なのが、各種ツールを活用することだ。前述のツールに加え、付箋紙、概念をビジュアル化するためのツール、すぐにインターネットで検索できるようなツールなどを活用できるようにしておくと、メンバーが持っている視点を共有したり、仮説を検証するための情報収集のスピードを速めることができる。

③仮説を客観視する

チームで仮説思考を進めると言っても、実際には個人の仮説がベースとなる。したがって、仮説を導いた本人はその仮説を守ろうとする一方、仮説立案のプロセスに十分かかわっていないメンバーは、その仮説に対するコミットメントが弱くなる。こうした状況が続くと、仮説を進化させたり仮説をもとに行動しようとする意欲が薄れる恐れがある。

そこで、誰がどのようなかたちで導いたにせよ、仮説を客観視する習慣をつけることが重要だ。仮説を導いた本人は、その仮説を自分ひとりのものにしないようにする。それ以外のメンバーは、あくまでもチームとしての仮説だという意識を持つようにする。こうした発想に転換していくことが求められる。

そうは言っても、なかなか実現するのは難しい。特に仮説を導く中心となった人にとっては、仮説を客観視するのは難しく、仮説を進化させるのに抵抗することもある。そこで、次のような工夫が必要になる。

仮説はたたき台という共通認識を作る

当初から仮説はたたかれるものなのだ、という意識を持つようにする。いきなり自分の導いた仮説を攻撃されたら、誰でも自己防衛的な反論をしてしまうだろう。それを防ぐ意味からも、文字通り仮説は正解にもっとも近い答えであって正解ではないのだから、修正されるのが当然だ、むしろ修正されない仮説はそこから発展の余地のない、あまり使い勝手のよくないものだ、というくらいの意識を共有しておくことが必要になる。

逆に指摘をする側も仮説を進化させるときに、添削の朱入れのように「ここはダメ！」というモードではなく、「このようなとらえ方をするとさらによくなるのでは？」というモードで取り組むとよい。

最初に導いた仮説は残しておく

特に、仮説を導いた人にとっては、自分の仮説が変形していって当初の痕跡が残らなくなってしまうのを見るのはなかなか容認しにくいものだ。そこで、仮説が進化した過程をそのまま記録しておくとよい。そうすると、仮説を導いた当人にとっては、自分の仮説がブラッシュアップされたことを実感できる上に、この仮説の原形は自分が作ったという貢献を感じることができる。

一方、他のメンバーにとっては、仮説の進化にどのように貢献していったのかを体感することができ、その仮説に対するコミットメントが高まる。その意味でも、仮説が修正されたら単純に修正版を上書き保存するのではなく、それぞれのタイミングでどのような仮説だったのかを記録しておくとよい。

仮説を横展開する

仮説を導いたら、その仮説をもとに行動に移る。その際、同時に進めたいのが、仮説の横展開である。横展開とは、業務上のノウハウや方法論を他の業務へ活用していくこと、あるいは活用を促進していくことだ。横展開が示している範囲は広い。ある営業所で成功した手法を別の営業所に展開するという似た分野での横展開から、開発部門で成功したプロジェクト管理の手法を営業担当者の行動管理に応用するような、かなり離れた分野での横展開まである。

こうした横展開のメリットは二点ある。一点目は組織全体としての生産性の向上だ。ある部署で成功した事例を別の部署で活用すれば、成功確率は高まる。こうして成功確率の高いものを活用できれば、組織全体の生産性向上が期待できる。

もう一点として、横展開をすること自体が組織全体の学習能力の向上につながることが挙げられる。仮にある部署で成功した事例を別の部署に横展開してうまくいかなかったとしよう。そうすると、その理由を追求する。その理由として、横展開すべきポイントにズレがあったとか、本来横展開すべきポイントが漏れていたという点を見出すことができる。これが、結局ここで本質的に横展開すべきポイントは何か、どのような性格を持った部署にまで横展開できるのか、という点を組織全体で学習することにつながる。このように学んだポイントをもとに横展開を実践すれば、さらに精度の高い横展開に結びつけることができる。

仮説思考にもこうした横展開をはめ込むと、組織全体の仮説思考の強化につながる。では、組織全体の横展開の例を、セブン‐イレブンの事例で見てみよう。あわせて、横展開の際には、どのようなポイントに注意すればよいかを紹介していきたい。

セブン-イレブンは、他の上場大手のコンビニエンスストアを店舗あたりの日販で一〇万円以上引き離すなど、業界内で圧倒的な強さを維持し続けている。

セブン-イレブンがPOSシステムを活用し、単品ごとに販売情報を把握して商品管理に活かすなどの店舗運営をしていることは有名だ。しかし、こうしたシステムを活用した店舗運営は、他の大手コンビニエンスストアはおろか、ほとんどの小売チェーンで行われている。では、なぜこれほどまでにセブン-イレブンは安定して好業績を上げることができるのか。

その強さの秘密の一つとして、最高経営責任者の鈴木敏文氏の思考法、つまり仮説〜検証スタイルの思考が個々の店舗、ひいては組織全体に浸透していることが挙げられる。POSなどから出されるデータも、単に業績管理だけではなく、自分の仮説を検証する材料とすることが求められている。そして、仮説を立てるために過去のPOSデータだけでなく、商圏内のイベントや気候などのデータまでをも総動員することが求められる。

こうした思考が店舗レベルまで浸透しているのは、そのための仕掛けを入念に施しているからだ。セブン-イレブンでは、毎週火曜日にFC会議が開催される。FC会議には、現場の店舗に経営の指導・アドバイスを行うオペレーション・フィールド・カウンセラー（OFC）が全国から集まる。加えて各地域の管轄を行うマネジャーや店舗開発担当も参加し、その数は一五〇〇人を超える。午前中のFC会議では、本部からの商品情報やキャンペーン情報の提供、そして鈴木氏の講話が行われる。鈴木氏の講話は、「単品管理の重要性」「POS

データをいかに読むか」といったテーマで行われる。講話は毎週行われるので似たようなテーマにもなるが、切り口を変えてくり返し話し、その考え方の浸透を図っている。

午後からは、担当する地域ごとに分かれて会議が行われる。それぞれの地域の状況を反映した営業計画や行事を確認してから、ＯＦＣによる成功事例の発表に移る。そこからさらに、細かく地区ごとに分かれ、ここでも成功事例の共有を行う。成功事例を共有する際には、必ず参加者による分析が行われ、どんな点を参考にすべきか、参考にする際に何に注意すればよいかなどについて議論を進める。

単に情報を共有するだけなら、大勢を会議に集めなくてもネットや電話会議などの活用も可能だし、金銭面や時間的な効率では圧倒的に有利なはずだが、鈴木氏は「自分が会社にかかわっているかぎりやめるつもりはない」と言う。

仮説と仮説を導いた考え方を横展開する

仮説思考で横展開できるものは、大きく二つ挙げることができる。一つは導いた仮説そのものであり、もう一つは仮説を導くまでのものの見方、比較の仕方、問いの立て方、仮説の導き方といった考え方である。

横展開しやすいのは仮説そのものや、仮説をもとにした行動プランだろう。セブン－イレブンでも、それぞれのＯＦＣが持ち寄った仮説と具体的な行動が共有されている。

ただし、仮説自体を横展開しても、その効果は高くないこともあるので注意が必要だ。

仮説というものはそのつど導き出すものであり、同じような状況でも裏づけが異なっていたら、違う仮説となる可能性もある。さらに、仮説を導いた状況や前提が異なれば、仮説そのものを横展開しても、その仮説をもとにした行動がうまくいくとはかぎらない。したがって、どのような場合でも仮説そのものを横展開すればよい、という短絡的な発想は危険だ。セブン-イレブンの場合は、同じ業態、同じOFCという立場、さらには近隣地域での成功事例という共通点があるからこそ、仮説そのものの横展開に価値がある。しかし、たとえば異なる製品を扱ったり異なる顧客をターゲットにしている営業所間で成功事例を横展開しても、効果はそれほど大きくないはずだ。

その意味で言えば、仮説を導くまでの考え方を横展開するほうが、応用できる可能性は高い。対象をどのような観点でとらえたのか、何と比較したのか、どのような問いを立てたのか、裏づけをもとにどのような仮説を導いたのか、といった考え方を応用できれば、別の部署にとっては新たな考え方として活用機会が広がる。セブン-イレブンの事例でも、会議の出席者はただ単に成功事例を聞いているだけではなく、その成功要因を分析し、ディスカッションをくり返している姿が見てとれる。こうした分析やディスカッションによって、単に提示された仮説をそのまま横展開するのではなく、その考え方の中で応用できる部分を探り出そうとしているのだ。

横展開をする場合の注意点

こうした仮説を導くまでの考え方を横展開する際に、注意しておきたいことがある。

①仮説立案の流れを把握する

まずは自分たちがどんな流れで仮説を導いたのかを把握していなければ、横展開はできない。前述したように仮説を上書き保存するのではなく、ブラッシュアップした過程も含めて記録しておくこと、同時にどのような観点でものを見て、何と比較し、どのような問いを立てたかも記録しておくとよい。

②横展開すべきポイントを理解する

自分たちが仮説思考で行ったことのうち、どこが横展開をするメリットのある部分かを特定することも重要である。他部署にとって既知の考え方を横展開しても意味はないし、他の業務で使えない考え方を横展開するのもムダだ。考え方の横展開は、具体的なノウハウとは異なり、横展開の意味があるかどうかをしっかり考える必要がある。

③具体例と汎用的な横展開のポイントの二つを展開する

仮に比較の仕方を横展開しようとしても、実際に自分たちが比較した結果を伝達するだけでは応用が効かないし、逆にあまり汎用的なレベルの内容を横展開しても具体的なイメージが湧かないから使えない。このように考え方を横展開する場合は、どのようなレベルの内容を横展開するかにも注意が必要である。一つの方法としては、汎用的な考え方+

具体的な例というセットで横展開することだ。たとえば、次の例文のような形で横展開できたならば、横展開したい考え方に加えてその具体例も提示されているため、実際の状況をイメージしながら、どの部分が横展開できるのかを考えるきっかけにもなる。

「わが部署の課題の仮説を考える際、わが部署を他の部署や社外からどのように見られているか、という点でとらえてみることにしました。その結果『正確さを求めるあまり業務手順が複雑になりすぎて、個々の業務が属人化している』という仮説を導くことができました。部署の課題にもかかわらず、着眼点に外部からどのように見えるかという、問題意識とは異なる角度の視点を取り入れた点が有益であり、ここは他の場面でも参考になると考えています」

横展開は発信量が重要

組織全体として横展開をしようとする場合、「横展開する素材の発信量」が重要となる。どこにでも活用できて、かつ内容的にも優れた横展開を厳選して一つ行うよりも、あまり質は高くないが数多くの情報を横展開したほうが効果的だ。その理由は三つある。

①横展開の習慣化

横展開は、現場の業務と比べると軽視されがちである。もちろん組織全体にとってのメリットは大きいとわかってはいるが、現実に目の前の業務をこなさなければならない状況では、なかなか横展開する時間を取ることはできない。また、「こんな仮説を横展開しても あまり意味がないのではないか」という意識が働くと、横展開しようとする意欲も失せる。

そこで、無理にでも横展開する機会を作り、横展開する仮説の量を増やすことによって、横展開すること自体を習慣化してしまう。セブン-イレブンでは、OFCが横展開する成功事例となる仮説を発信したり受け取ったりする頻度は、週一回である。このくらいの量の仮説を発信したり受け取ったりしていれば、仮説を横展開することが習慣となるだろう。こうした習慣をつけることが、横展開を行うには重要である。その意味で、どうしても発信量は重要になってくる。

②仮説の精度向上

横展開する量を増やすことで、仮説自体の精度も向上する。数多くの仮説を発信すれば、どのような仮説が横展開に役立ち、どのようなものは役に立たないかを判断できるようになる。それは、仮説の精度にも影響する。

同様に、仮説を横展開される側からしても、どのような仮説は横展開が可能で、どのような仮説は難しいかの判断を迫られる。こうして仮説を「見る目」を養うことで、自らが立てる仮説の精度が向上していくのである。

セブン-イレブンでも、単にOFCが成功事例を発表するだけでなく、ディスカッションを通じてその成功要因の分析まで行う。こうした分析を通じて、その場に参加するOF

Cの仮説を立てる力は向上していく。

③組織全体としての思考スタイルの変化

横展開する数を増やすことで、自然と仮説思考を身につけることができる。セブン-イレブンでは、FC会議のディスカッションの中で、OFCの口から自然と「仮説」「検証」という言葉が出ていると言う。それは、FC会議という横展開の場に毎週のように参加することで、仮説思考をしようとする思考スタイルに変化しているからだ。

チームで仮説思考を進め、横展開することとは、組織全体の行動のスピードを一段速め、ダイナミックなものにしていく。注意すべき点は多いが、その効果は大きい。ぜひ積極的に取り組んでいただきたい。

参考文献

筆者が本を読むとき密かに楽しみにしているのが、参考文献のページである。どんな書籍を参考にしているのかを知ることは、著者の考えのベースを知ることでもある。その上、自分の知らない本が載っていたりすると、推薦図書を紹介してもらったようで、得をしたような気がする。反対に、参考文献の載っていない書籍に出会うと、内容がどんなに素晴らしくても少しだけがっかりする。

参考文献も、単に書籍を列挙するだけでなく、ブックガイドのようになっているとさらにうれしい。読んだ本の内容理解をより深めようとした場合、ブックガイドになっていればどの本から手をつければよいか一目瞭然だからだ。

筆者のような読者がどの程度世の中にいるかは分からないが、本書も仮説思考や分析についてより深く理解したい方のお役に立てるよう、簡単ながらブックガイドを用意した。便宜上「分析」「仮説」と分けているが、両者に入る書籍も多いので、興味を持った本があれば手に取っていただきたい。

また、仮説のパートで紹介した事例は、「事例」の書籍や新聞・雑誌記事、さらには慶應ビジネススクール、『一橋ビジネスレビュー』等のケースを参考にして作成した。以下に挙げる書籍は資料であると同時に、仮説思考の現場を生々しく描き出したものでもあるので、事例そのものに興味を持たれた方に加え、仮説思考の実践例を求める方にも有用だろう。

1．分析

＊定量的なデータの分析を掘り下げたい方に

定量的なデータを分析する際には、次の二冊から入るのが適当だろう。

・『ビジネスマンのための「数字力」養成講座』（小宮一慶、ディスカヴァー・トゥエンティワン）

数字を扱う際の基本的な作法について、分かりやすくまとめられている。特にビジネスパーソンに共通して求められる、マクロな統計データの扱い方が丁寧に記載されている。

・『意思決定のための「分析の技術」』（後正武、ダイヤモンド社）

コンサルタントが行う分析について触れることができる。掲載されているデータも豊富なため、それをもとにどう解像度の高い分析を行うかを考えるとよい訓練になるだろう。

・『定量分析実践講座』（福澤英弘、ファーストプレス）

ビジネスシーンで汎用的に活用する定量データの分析手法が網羅された一冊。分析結果を意思決定にどうつなげるかも解説している。

＊定性的なデータの分析を追求したい方に

本書の定性的なデータの分析手法は、社会学で中心に行われている質的分析の考え方に拠っている。質的分析について興味をお持ちの方は、以下をお薦めしたい。

・『質的研究入門』（ウヴェ・フリック、春秋社）

質的研究に関するアプローチが網羅された一冊。社会学の入門書なのでビジネスシーンにそのまま適用はできないものの、分析したい定性データのイメージを持っている方には非常に参考になるはずだ。

・『質的データ分析法』（佐藤郁哉、新曜社）

定性データをどうバラして比べて読み取るのかが解説されている。これも社会学のカテゴリーに入るので、ビジネスシーンへ直接活用するのは難しいが、考え方を学ぶと応用範囲は広い。

＊「バラす、比べる、読み取る」を突っ込みたい方に

本書での分析の流れを解説した書籍はない。それを補足する意味では、手前味噌だが以下だろう。

・『シナリオ構想力実践講座』（生方正也、ファーストプレス）

「バラす」「比べる」「読み取る」という基本概念が入ったもので、本書の補足にもなる一冊である。

2. 仮説立案

＊仮説の全般を別の書籍でも知りたい方に

仮説に関する書籍はすでに何冊も出版されている。本書がベストだと筆者は信じているが、別の書籍も読んでみたい、という方には以下の三冊がよいだろう。

・『仮説思考』（内田和成、東洋経済新報社）
・『「仮説」の作り方・活かし方』（日本能率協会コンサルティング、日本能率協会マネジメントセンター）
・『ビジネス仮説力の磨き方』（グロービス、ダイヤモンド社）
＊目のつけどころ、問いについて深めていきたい方に
何度もくり返すが、仮説を導くのに重要なのは、「目のつけどころ」と「問い」である。この二つについて触れている書籍はあまりない。あえて挙げるとすれば、以下の三冊になろう。
・『発想法』（川喜田二郎、中央公論新社）
古典的な一冊。テクノロジーの発達により、具体的な手法はすでに時代遅れとなっているものも多いが、そこでの考え方の重要性はいまになっても変わらない。
・『ビジネスマンのための「発見力」養成講座』（小宮一慶、ディスカヴァー・トゥエンティワン）
発見力と銘打っている通り、著者自身の「発見」するための視点や考え方を分かりやすく解説している。ここでの発見とは、まさに「目のつけどころ」のことだ。
・『ライト、ついてますか？』（ジェラルド・M・ワインバーグ他、共立出版）
多面的にとらえるヒントが満載。ネタばれになるので詳述しないが、タイトルに関連する記述のある箇所は、踏み込んだ問いのよい例だ。
＊仮説の導き方を極めたい方に
仮説を導くことを極めたければ、本書では触れなかったが、アブダクションという推論形態

に足を踏み入れざるをえない。アブダクションについては、最近論理思考系の書籍でよく記述が見られるようになったが、それらのうち参考になるのは次の二冊だろう。

・『発想のための論理思考術』（野内良三、日本放送出版協会）
古典的な三段論法から始まり、最後は東洋思想を推論に活かすという構成で、一冊の書籍には盛り込みすぎと思えるような内容だが、アブダクションも一部解説がある。アブダクションの概要だけでも知りたいのであれば、本書がもっともよいだろう。

・『アブダクション』（米盛裕二、勁草書房）
アブダクションの提唱者チャールズ・パースの論文を著者なりに噛み砕いて、アブダクションとはどのようなものか、帰納的推論との違いは何か、などについて丁寧に説明している。

＊チームでの仮説立案を考えてみたい人のために
チームでの仮説立案を効果的なものにするには、まずは思考・行動スタイルを改善するのが一番だ。その点から、以下の書籍は参考になるだろう。

・『最強組織の法則』（ピーター・M・センゲ、徳間書店）
チームで仮説思考を行うということは、まさにチームが学習する組織へ変貌することに他ならない。そのための思考・行動原則を分かりやすく紹介している。

・『ロジカルリスニング』（船川淳志、ダイヤモンド社）
チームで成果を上げるためには、まさに聞くことから始まる。聞き方も、対人面・思考面から具体的なレベルまで落とし込んでいる。

3. 事例

事例としてとり上げた企業別に挙げる。中でも『小倉昌男 経営学』は、仮説立案を行った小倉氏の思考プロセスが豊富に紹介されており、参考になること間違いない。

*サントリー　伊右衛門
・『なぜ、伊右衛門は売れたのか。』(峰如之介、日本経済新聞出版社)
・『イノベーションの作法』(野中郁次郎・勝見明、日本経済新聞出版社)
*セブン-イレブン
・『鈴木敏文の「統計心理学」』(勝見明、日本経済新聞出版社)
・『鈴木敏文 考える原則』(緒方知行、日本経済新聞出版社)
・『鈴木敏文 商売の原点』(緒方知行、講談社)
*ブックオフ
・『ブックオフの真実』(坂本孝他、日経BP社)
*ヤマト運輸
・『小倉昌男 経営学』(小倉昌男、日経BP社)
・『経営はロマンだ!』(小倉昌男、日本経済新聞出版社)
*ファーストリテイリング
・『一勝九敗』(柳井正、新潮社)
・『流通新時代の革新者たち』(井本省吾、日本経済新聞出版社)

あとがき

第12章でも触れたように、「分析はよくできているのだが、行動に移せないビジネスパーソンが多い」という指摘をよく耳にする。

筆者からすれば、この見方にはまったく同意できない。分析に使っている時間自体は長いかもしれないが、分析そのものの水準を見れば、仮説を下支えし、行動に結びつく分析ができている例はお世辞にもあまり多いとは言えない。これは、筆者がセミナーやコンサルティング活動を通じて、分析で損をしている場面を多々見てきての実感だ。たとえば、分析が不十分なために、よい問題意識を持っていてもそれを提言に結びつけられず、一般論レベルの提言でお茶を濁してしまう場面。たとえば、情報やデータを集めながらもそれらをどう活用すればよいか分からず、結局ありきたりの情報だけ活用して平凡な仮説にとどまる場面。はたまたたとえば、情報を整理しただけで満足してしまって、仮説や提言を忘れてしまう場面、などである。

こうした、一般論レベルの提言からは関係者の支持を得られず、平凡な仮説からは凡庸な行動にしかつながらず、情報整理は自己満足に終わる。そして、最後に待っているのは、「難しそうなことをやっているだけで、現場では使えない」という徒労感だ。

追い討ちをかけるように、ある経営学者やコンサルタントは無責任にも「分析は役に立たない」と言い放ち、別の経営学者やコンサルタントは新商品を生み出すかのように新たな分析手法を披露して悦に入る。こうして、多くの人は混乱し、最終的にはあきらめに似た感情を抱く。「どうせ偉い人だからできることで、自分には関係ない」と。

最初のシーンに戻って、分析がしっかりできていたらどうなるだろう。精度の高い仮説や提言、さらには行動に結びつけることができる。こうした提言や行動は、自分の考え方や行動を支える自信へとつながるだろう。そうすれば、外野からどんな声が聞こえようとも、自らの判断でそれらの声を取捨選択できるはずだ。そう考えると、分析の技術を身につけることは、自分の判断や行動の精度を高めるだけでなく、考えや行動に芯を通す意味でも不可欠だ。それが、本書を執筆しようと考えた背景であり、仮説と分析を同列に扱う意図でもある。

本書は、そのためのベースとなる分析力、そして分析を精度の高い行動に結びつけるための仮説思考についてまとめた。決して見栄えのよい手法を紹介しているわけではない。紹介しているのは、どちらかと言えば地道で基本的な考え方である。しかし、基本的だからこそ、さまざまな場面で活用可能だし、自分なりの応用も利くはずだ。本書を、自分なりの分析、仮説立案、行動を磨き上げる参考にしていただければ幸いである。

最後になったが、本書を執筆するにあたって、日本経済新聞出版社の堀江憲一氏から多大なサポートを頂戴した。あらためて御礼申し上げたい。もし、少しでも本書の解像度が上がっているとしたら、堀江氏からのアドバイスによるものである。また、ときに精度の上がらない原稿を前に呻吟している筆者を支えてくれた妻、日々子育ての仮説を立て、検証する機会を提供して、筆者の仮説思考がさびつかないようにしてくれる二人の子供たちにも、この場を借りて感謝したい。

二〇一〇年八月

生方 正也
ubukata.m@gmail.com

本書は日経ビジネス人文庫のために書き下ろされたものです。

日経ビジネス人文庫

ポケットMBA
ビジネススクールで身《み》につける
仮説思考《かせつしこう》と分析力《ぶんせきりょく》
2010年9月1日　第1刷発行

著者
生方正也
うぶかた・まさや

発行者
羽土 力
発行所
日本経済新聞出版社
東京都千代田区大手町1-3-7　〒100-8066
電話(03)3270-0251　http://www.nikkeibook.com/
ブックデザイン
鈴木成一デザイン室
西村真紀子(albireo)
印刷・製本
凸版印刷

Printed in Japan　ISBN978-4-532-19554-0

ビジネス・シンク

デイヴ・マーカム
スティーヴ・スミス
マハン・カルサー

世界的ベストセラー『7つの習慣』の著者が率いるフランクリン・コヴィー社のトレーニング・プログラムが文庫になって登場。

nbb
日経ビジネス人文庫

ブルーの本棚
経済・経営

社長になる人のための税金の本

岩田康成・佐々木秀一

税金はコストです！ 課税のしくみから効果的節税、企業再編成時代に欠かせない税務戦略まで、幹部候補向け研修会をライブ中継。

組織は合理的に失敗する

菊澤研宗

個人は優秀なのに、なぜ"組織"は不条理な行動に突き進むのか？ 旧日本陸軍を題材に、最新の経済学理論でそのメカニズムを解く！

社長になる人のための経理の本［第2版］

岩田康成

次代を担う幹部向け研修会を実況中継。財務諸表の作られ方・見方から、経営管理、最新の会計制度まで、超実践的に講義。

戦略の本質

野中郁次郎・戸部良一
鎌田伸一・寺本義也
杉之尾宜生・村井友秀

戦局を逆転させるリーダーシップとは？ 世界史を変えた戦争を事例に、戦略の本質を戦略論、組織論のアプローチで解き明かす意欲作。

冒険投資家 ジム・ロジャーズ 世界バイク紀行

ジム・ロジャーズ
林 康史・林 則行=訳

ウォール街の伝説の投資家が、バイクで世界六大陸を旅する大冒険!投資のチャンスはどこにあるのか。鋭い視点と洞察力で分析する。

ビジネススクールで身につける 会計力と戦略思考力

大津広一

会計数字を読み取る会計力と、経営戦略を理解する戦略思考力。事例をもとに「会計を経営の有益なツールにする方法」を解説。

ジム・ロジャーズが語る 商品の時代

ジム・ロジャーズ
林 康史・望月 衛=訳

商品の時代は続く! 最も注目される国際投資家が語る「これから10年の投資戦略」。BRICsを加えた新しい市場の読み方がわかる。

ビジネススクールで身につける 思考力と対人力

船川淳志

「思考力」と、新しい知識やツールを使いこなすために欠かせない「対人力」。ビジネス現場で最も大切な基本スキルを人気講師が伝授。

あなたがお金で損をする本当の理由

長瀬勝彦

きちんと考えて選択した賢い買い物にこそ、意外な落とし穴が!? 意思決定論のプロが、損をしないための実践的知恵を伝授します。

ビジネススクールで身につける 仮説思考と分析力

生方正也

難しい分析ツールも独創的な思考力も必要なし。事例と演習を交え、誰もが実践できる仮説立案と分析の考え方とプロセスを学ぶ。

イライラ解消!
ワード即効ワザ99

吉村 弘

「勝手に箇条書きに!?」「思い通りに変換できない!?」──日々感じるイライラをスッキリ解消！　目からウロコの使い方、教えます。

イライラ解消!
エクセル即効ワザ99

日経PC21=編

表作り、文章作り、データ分析、グラフ作成──日経PC21編集部が厳選した「仕事が速くなる」99の便利ワザを目的別に紹介。

仕事がもっと
うまくいく!
書き添える言葉300

むらかみかずこ

依頼、お詫び、抗議などの用途別に仕事をスムーズに運ぶひと言メッセージの文例とフレーズを紹介。マネするだけで簡単に書けます！

メキメキ上達!
エクセル関数ワザ100

日経PC21=編

「四捨五入する」「平均値を求める」「日付を自動入力する」──。知っていると意外に簡単な、使える関数ワザを目的別に紹介。

日経WOMAN
元気のバイブル

佐藤綾子

「元気パワーは『七難隠す』」「誰のための人生なの？」──働く女性に贈る、ハッピーをつかむヒント。日経WOMAN連載を文庫化。

サクサク作成!
エクセル文書ワザ99

日経PC21=編

文章と図表を組み合わせた「ビジュアル書類」を作るには、実はエクセルが最適。初心者でもできる、見栄えの良い文書作成ワザを紹介。

これからの経営学

日本経済新聞社=編

日本の経営学界の重鎮、気鋭の研究者17人が、グローバル化・変革の時代に必要な、一番知っておきたい経営学をやさしく講義。

100年デフレ

水野和夫

デフレはもう止まらない！　2003年の刊行当時に、長期デフレ時代の到来を予測し、恐ろしいほど的中させた話題の書。

良い経済学 悪い経済学

ポール・クルーグマン
山岡洋一=訳

「国と国とが競争をしているというのは危険な妄想」「アジアの奇跡は幻だ」人気No.1の経済学者が、俗流経済論の誤りを一刀両断!

やさしい経済学

日本経済新聞社=編

こんな時代だから勉強し直さなければ…そんなあなたに贈る超入門書。第一級の講師陣が考え方の基礎を時事問題を素材に易しく解説。

経済論戦は甦る

竹森俊平

「失われた15年」をもたらした経済政策の失敗と混乱を完璧に解説した名著。昭和恐慌、世界恐慌からの歴史的教訓とは？

やさしい経営学

日本経済新聞社=編

御手洗キヤノン社長はじめ注目の経営者や経済学の研究者たちが、戦略論、企業論、組織論などに分けて実践に活用する学問を教示。